高职高专财会专业系列规划教材

出纳实务

（第2版）

唐锋 肖颖 主编

Cashier Practice

電子工業出版社
Publishing House of Electronics Industry
北京 · BEIJING

内 容 简 介

本书以出纳工作流程为依据，以培养学生出纳业务办理工作能力为出发点，系统介绍了出纳岗位的工作内容和工作要求，详细讲解了出纳工作中的现金业务办理、银行存款结算业务办理和出纳报表业务等，并附有出纳岗位模拟实训，以提高学生的实际出纳工作操作能力。本书设置了“学习目标”、“工作任务”、“业务办理流程”、“上岗一试”等栏目，让学生在学中做、做中学，通过大量的实际工作任务及表单，使学生掌握出纳岗位所需要的各项技能。

未经许可，不得以任何方式复制或抄袭本书之部分或全部内容。
版权所有，侵权必究。

图书在版编目（CIP）数据

出纳实务 / 唐锋，肖颖主编. —2 版. —北京：电子工业出版社，2016.8
高职高专财会专业系列规划教材
ISBN 978-7-121-29727-4

Ⅰ. ①出… Ⅱ. ①唐… ②肖… Ⅲ. ①出纳—会计实务—高等职业教育—教材 Ⅳ. ①F231.7

中国版本图书馆 CIP 数据核字（2016）第 200121 号

策划编辑：姜淑晶
责任编辑：张 京
印　　刷：北京京师印务有限公司
装　　订：北京京师印务有限公司
出版发行：电子工业出版社
　　　　　北京市海淀区万寿路 173 信箱 邮编 100036
开　　本：787×1 092 1/16 印张：11.75 字数：301 千字
版　　次：2012 年 8 月第 1 版
　　　　　2016 年 8 月第 2 版
印　　次：2020 年 12 月第 3 次印刷
定　　价：42.00 元

凡所购买电子工业出版社图书有缺损问题，请向购买书店调换。若书店售缺，请与本社发行部联系，联系及邮购电话：（010）88254888，88258888。

质量投诉请发邮件至 zlts@phei.com.cn，盗版侵权举报请发邮件至 dbqq@phei.com.cn。

本书咨询联系方式：（010）88254199，sjb@phei.com.cn。

前　言

出纳实务是一门实践性和操作性较强的课程，要求学生在学习时不仅要掌握会计核算的各种基本方法和基本程序，还要掌握各种票据的开具、签发、审核等业务的基本处理程序和基本操作规范。本教材从会计实际工作出发，充分考虑会计专业人才的培养目标和要求，在每个项目的学习中，包含“学习目标”、“工作任务”、“业务办理流程”、“上岗一试”等栏目，有利于学生对具体业务办理流程的学习和掌握。

我们在2012年编写的《出纳实务》一书自出版以来，受到了众多高职高专院校的欢迎。为了更好地满足广大高职高专院校学生学习出纳技能的需要，结合近几年的教学改革实践和广大读者的反馈意见，在保留原书特色的基础上，对教材进行了全面的修订。这次修订的主要内容如下：

（1）对本书第1版中存在的错误和疏漏进行了修正；

（2）根据国家最新出台的法律、法规修改了相关的内容；

（3）对部分内容进行完善，使教材更有条理、更易于操作。

本教材在修订过程中，始终贯彻以工作过程为导向、以工作需要为依据选取教学内容、教学项目、工作任务的指导思想。基于出纳岗位的实际工作需要，兼顾学生未来职业发展的要求和会计从业资格证书考试的需要，本教材设置了4章。第一章“出纳岗位概述”主要包括出纳岗位认知，现金、票据及预留银行印鉴的保管，账簿的启用及日记账的设置3个模块；第二章“出纳基本功”主要包括出纳基本技能、出纳报告单编制业务和出纳会计资料的归档3个模块；第三章“现金结算业务”主要包括现金收付业务和现金存取业务两个模块；第四章“银行存款结算业务”主要包括转账支票结算业务、银行本票结算业务、汇兑结算业务、委托收款结算业务、银行汇票结算业务、商业汇票结算业务、银行承兑汇票业务、托收承付结算业务、银行存款余额调节表编制业务和银行账户的开立与撤销10个模块。附录A“出纳岗位实训”主要训练学生出纳岗位的综合业务技能。

本教材由广西水利电力职业技术学院经济管理系唐锋老师担任主编，广西国际商务职业技术学院林萍老师、黄少容老师，广西经贸职业技术学院李素梅老师担任副主编。多所使用该教材的老师对本书的修订提出了宝贵的意见。在此，向所有关心和支持本书出版的各位同人表示衷心的感谢！

在本教材的编写过程中，由于作者水平有限，时间紧迫，书中难免存在错误和不妥之处，敬请读者批评指正。

编　者

目 录

第一章

出纳岗位概述

模块一　出纳岗位认知

项目一　出纳岗位设置

学习目标

1. 了解出纳岗位职责
2. 掌握出纳工作流程

一、出纳和出纳工作

什么是出纳？出纳的工作是什么？在一般人看来，出纳工作是一个再平常不过的工作，不过是点点钞票、填填支票、跑跑银行等事务性工作，但事实并非如此。出纳工作是企业基本的会计环节，是控制企业每笔交易业务的第一道“关卡”，是财务主管的基石，其重要性是不言而喻的。一名优秀的出纳需要具备过硬的出纳业务技能和良好的职业道德修养。

出纳，顾名思义，出即支出，纳即收入。出纳工作是管理货币资金、票据、有价证券的一项工作。具体地讲，出纳是按照有关制度规定，办理本单位的现金收付、银行结算及有关账务，保管库存现金、有价证券、财务印章及有关票据等工作的总称。从广义上讲，只要是票据、货币资金和有价证券的收付、保管、核算，就都属于出纳工作。它既包括各单位会计部门专设出纳机构的各项票据、货币资金、有价证券收付业务处理，票据、货币资金、有价证券的整理和保管，货币资金和有价证券的核算等各项工作，也包括各单位业务部门的货币资金收付、保管等方面的工作。狭义的出纳工作则仅指各单位会计部门专设出纳岗位或人员的各项工作。

具体来讲，出纳工作内容主要包括货币资金的收支和记录、往来结算、工资核算和货币资金收支的监督等。

二、出纳机构

由于出纳工作的特殊性，一般要求在会计部门内部安排专门的工作场所办理出纳业务，这种场所称为出纳室或出纳组。出纳室或出纳组配备多少出纳人员，主要取决于单位出纳业务量的大小和内部管理要求。规模大、分支经营机构多的公司，为了提高现金的有效管理和总体利用效益，往往把分支经营机构出纳业务集中办理，总部设立专门的内部“结算中心”，配备多名出纳人员，这种结算中心也是出纳机构。

三、出纳人员

出纳人员既包括会计部门的出纳工作人员，也包括业务部门的各类收款员（收银员）。

收款员（收银员）从其工作内容、方法、要求，以及本身应具备的素质等方面看，与会计部门的专职出纳人员有很多相同之处，其主要工作是办理货币资金和各种票据的收入，保证自己经手的货币资金和票据的安全与完整；也要填制和审核许多原始凭证。他们直接与货币打交道，除了要有过硬的出纳业务知识以外，还必须具备良好的财经法纪素养和职业道德修养。所不同的是，收款员（收银员）一般工作在经济活动的第一线，各种票据和货币资金的收入，特别是货币资金的收入，通常由他们转交给专职出纳；另外，其工作过程是收入、保管、核对和上交，一般不专门对设置账户进行核算。所以，也可以说，收款员（收银员）是出纳（会计）机构的派出人员，是各单位出纳队伍中的一员，他们的工作是整个出纳工作的一部分。狭义的出纳人员仅指会计部门的出纳人员。

一般来讲，在银行开户，并有经常性现金收入和支出，实行独立核算的企事业单位，都应该配备出纳人员。会计机构只设 1 名出纳人员时，单位全部出纳工作均由其完成，包括货币资金收支，票据、有价证券的收付、保管、核算等工作内容。设 2 名以上出纳人员的单位，应对出纳人员的工作进行明确分工，既可按现金和银行存款，银行存款的不同户头，票据与有价证券的办理等工作性质上的差异进行分工；也可以将整个出纳工作划分为不同的阶段和步骤，按工作阶段和步骤进行分工。对于设立内部“结算中心”的出纳机构人员，还可以按不同分公司或分支经营机构定岗、定人。

四、出纳岗位职责

出纳工作涉及的是现金收付、银行结算等活动，直接关系单位和职工个人的经济利益，如果出现差错，往往会造成难以挽回的损失。《中华人民共和国会计法》（以下简称《会计法》）、《会计基础工作规范》等会计法律法规对出纳人员的职责做出了相应规定，具体来讲有以下几方面要求。

（1）按照国家有关现金管理和银行结算制度的规定，办理现金收付和银行结算业务。

（2）办理现金收付和银行存款收付业务时，要严格审核有关原始凭证，根据编制的收付款记账凭证逐笔顺序登记现金日记账和银行存款日记账。

（3）按照国家外汇管理和结汇、购汇制度的规定及有关批件，办理外汇出纳业务。

（4）掌握银行存款余额，不得签发空头支票，不得出租、出借银行账户为其他单位办理结算。

（5）保管库存现金和各种有价证券的安全和完整。

（6）保管有关印章、空白收据（发票）和空白支票。

有些企业出纳人员还承担办理银行账户的开立、变更和撤销业务，协助相关人员办理营业执照、企业代码和贷款卡年检等工作。

出纳岗位职责如图 1-1 所示。

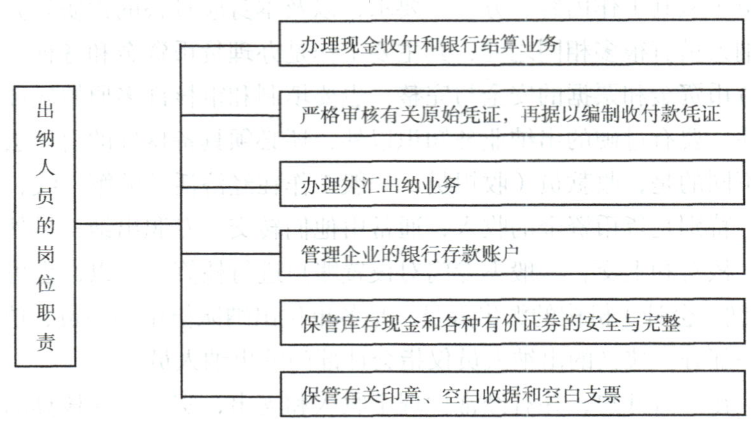

图 1-1　出纳岗位职责

五、出纳工作流程

出纳人员每天都要面对大量的经济业务，如果不按照一定的程序工作，就会手忙脚乱，影响工作质量。出纳工作流程主要涉及资金收支的基本程序和账务处理程序。

（一）资金支出的基本程序

办理资金支出是出纳的一项重要业务，也是出纳最容易出问题的地方。为此，在办理资金支出时，出纳人员应时刻保持认真谨慎的工作态度，并按特定的程序进行。

1. 明确支出的金额和用途

在支付任何一笔资金前，出纳人员都应该明确支出的金额、收款人和用途，而不能对其所支出的资金一概不知。

（1）明确收款人。出纳人员应严格按合同、发票或有关依据记载的收款人进行付款。对于代为收款的，应当出具原收款人证明材料并与原收款人核实后，方可办理付款手续。

（2）明确付款金额。出纳人员应清楚明确付款金额，以合理安排款项。

（3）明确付款用途。对于用途不明的，出纳人员可以拒付；对于不合法、不合理的付款，出纳人员应当坚决抵制，并向有关领导予以汇报，行使出纳人员的工作权力。

2. 付款审批

付款时，出纳人员还要严格审查付款单证。付款单证是由经办人填制的，要注明付款金额和用途，并要对付款事项的真实性和准确性负责。

（1）有关证明人的签章。经办人的付款用途中，如果涉及实物，应当有仓库管理员或实物负责人的签收；如果涉及差旅、销售费用等，应当由证明人或知情人加以证明。

（2）有关领导的签字。收款人应持证明手续完备的付款单据，报有关领导审阅并签字。只有经过审批的付款单据，出纳人员才能给予付款。

（3）到财务部门办理付款。收款人应持内容完备的付款单据，经会计审核后，才能由出纳办理付款。

3. 办理付款

办理付款是资金支出中最为关键的一个环节，出纳人员应当特别谨慎，因为款项一旦付出，发现差错是很难追回的。所以，出纳人员需要严格核实付款金额、用途及有关审批手续。

（1）对于现金付款，双方应当面点清，在清点过程中如果发现短缺、假钞等情况，要由出纳人员负责。

（2）对于银行付款，在开具支票时，出纳人员应认真填写各项内容，保证要素完整、印鉴清晰、书写正确。办理转账或汇款时，出纳人员应书写准确、清晰、完整，保证收款人能按时收到款项。如果是现金支票，应附领票人的姓名、身份证号码和单位名称等。

付款金额经双方确认后，出纳人员应让收款人在付款单据上签字并加盖“付讫”章。如为转账或汇款的，银行单据可以直接作为已付款证明。

在确认签字后，再发现现金短缺或其他情况，应由收款经办人负责。

4. 付款退回

对于因特殊原因造成支票或汇款被退回的，出纳人员应当立即查明原因，如因我方责任引起的，应换开支票或重新汇款，不得借故拖延；如因对方责任引起的，应由对方重新补办相关手续方可办理付款。

（二）资金收入的基本程序

1. 明确收入的金额和来源

与钱打交道是出纳人员的工作。对于每笔资金，出纳人员不但应该清楚地知道它的来源、数额、性质，还要懂得进行账务处理。

（1）确定收入的金额。如为现金收入，要按照库存限额的要求，超过的部分应及时存入银行。

（2）明确付款人。付款人的全称和有关情况是出纳人员应当明确的信息。对于收到的背书支票和其他代为付款的情况，应由经办人加以注明。为了保证账实相符，收到销售或劳务性质的收入时，出纳人员应当根据有关的销售或劳务合同确定收款额是否按协议执行，并对预收账款、当期实现的收入和收回以前欠款分别进行处理，保证账实相符。收回代付、代垫及其他应收款（包括单位为职工代付的水电费、房租、职工的个人借款和差旅费借款，单位交纳的押金等）时，出纳人员应根据账务记录确定其收款额是否一致。

2. 清点收入并开具票据

确定款项的来源和数目后，出纳人员还要对资金进行清点核对，清点时应仔细谨慎，不能马虎。

（1）对于现金收入，出纳人员应当与经办人当面点清。在清点过程中，如果发现有短缺、假钞等特殊现象时，要及时指出，并由经办人负责。

（2）对于银行结算收入，出纳人员应与银行核实，在取得银行有关的收款凭证后，才能确认收入，进行账务处理。对于电话询问或电话银行查询，则只能作为参考，不能据此入账，必须在取得银行有关的收款凭证后才能确认收入。

（3）清点核对无误后，出纳人员要按规定开具发票或内部使用的收据。一切现金收入都应开具收款收据，即使有些现金收入已有对方付款凭证，也应开出收据交付款人，以明确经济职责。收入现金签发收据与经手收款，按要求也应当分开，由两个经办人分工办理，如销货收入应由经销人员负责填制发票单据，出纳人员据以收款，以防差错与作弊。

如果收入金额较大，还应及时上报有关领导，以便于资金的安排调度。手续完毕后，在有关收款收据上加盖“收讫”章。

在清点的过程中，出纳人员应该认真对待，一丝不苟，否则一旦在开出单据后才发现现金短缺或假钞，就应由出纳人员负责，赔偿损失。

3. 收入退回

由于某些特殊原因，如支票印鉴不清、收款账号错误等导致收入退回的，应由出纳人员及时联系有关经办人和对方单位，重新办理收款。

4. 收入的处理

根据规定，企业收入的现金应于当日送存开户银行，如果收到的现金是银行当天停止收款以后发生的，也应在第二天送存银行。当日送存确有困难的，由开户银行确定送存时间。

（三）账务处理程序

我国常用的会计账务处理程序主要有记账凭证账务处理程序、科目汇总表账务处理程序、汇总记账凭证账务处理程序、日记总账账务处理程序和多栏式日记账账务处理程序。但出纳业务处理的步骤基本上一致，如下所示。

第一步：根据原始凭证或汇总原始凭证填制收款凭证、付款凭证；对于转账投资有价证券业务，还要根据原始凭证或汇总原始凭证直接登记有价证券明细分类账（债券投资明细分类账、股票投资明细分类账等）。

第二步：根据收款凭证、付款凭证逐笔登记库存现金日记账、银行存款日记账、有价证券明细分类账。

第三步：库存现金日记账的余额与库存现金每天进行核对，与现金总分类账定期进行核对；银行存款日记账与开户银行出具的银行对账单逐笔进行核对，每月至少一次，银行存款日记账的余额与银行存款总分类账定期进行核对；有价证券明细分类账与库存有价证券要定期进行核对。

第四步：根据库存现金日记账、银行存款日记账、有价证券明细分类账、开户银行出具的银行对账单等，定期或不定期编制出纳报告，提供出纳核算信息。

出纳账务处理程序如图 1-2 所示。

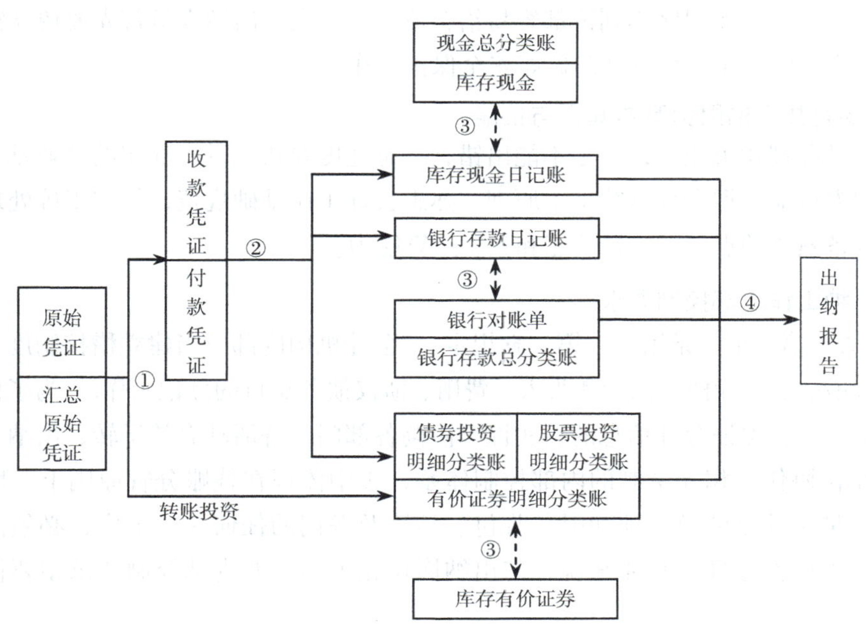

图 1-2 出纳账务处理程序

项目二 出纳人员素质要求和出纳工作内部控制要求

学习目标

1. 了解出纳人员素质要求
2. 了解出纳工作内部控制要求

一、出纳人员素质要求

出纳人员肩负着企业全部货币资金、有价证券的收支、保管和核算任务，掌管着本单位的全部票据，是名副其实的“管家”。没有良好的职业道德和扎实的业务技能是无法胜任本职工作的，因此各单位对出纳人员素质均提出明确要求。

（一）要有较高的职业道德修养

出纳人员职业道德修养包括爱岗敬业、稳重细心、清正廉洁、洁身自好、遵纪守法、严格监督、实事求是、科学理财、服务热情、保守保密。

（二）要有较高的法纪水平和守法意识

出纳工作政策性强，是企业内部控制的重要领域，出纳人员必须熟悉国家、地方和单位各种财经法律法规与制度，具有强烈的守法意识。

（三）要有较强的安全意识

出纳人员经办和保管现金、有价证券、重要票据、各种印鉴，极容易诱发安全问题。

安保措施不严密，工作程序不到位都容易给企业造成损失。出纳人员首先要树立牢固的安全意识，并密切配合企业保安部门做好安全保护工作。

（四）要有扎实的财会基本知识与技能

出纳人员办理相关业务，一是不能出错，二是速度要快，没有扎实的专业基本功是不行的。出纳人员应掌握会计核算基本原理，熟悉会计工作基础规范，能够正确处理一般会计业务，具备熟练的点钞、验钞技能和数字运算能力。

二、出纳工作内部控制要求

《会计法》第二十一条第二、第三款规定："会计机构内部应当建立稽核制度。出纳人员不得兼管稽核、会计档案保管和收入、费用、债权债务账目的登记工作。"为了保护企业资产的安全完整，保证会计信息的真实性，协调各部门经济活动有效运转，出纳工作形成了一整套互相协作、相互牵制的内部控制体系，集中体现在钱账分管原则上。所谓钱账分管原则，是指凡是涉及款项和财务收付、结算及登记的任何一项工作，必须由两人或两人以上分工协作办理。具体来说，与出纳岗位相关的企业内部控制要求主要体现在以下几个方面。

（1）货币资金的收付及保管应由被授权批准的专设出纳人员负责，其他人员不得接触。会计部门内部，总账会计、明细账会计不得兼管出纳工作。

（2）出纳人员不能同时负责总账的登记和保管。

（3）出纳人员不能同时负责非货币资金账户的记账工作，即出纳人员不得负责收入、费用、债权债务等账目的登记工作。

（4）出纳人员应与货币资金审批人员相分离，实施严格的审批制度。

（5）货币资金收支的专用印章不得由一人兼管，即出纳人员不得保管专用于货币资金收付的企业财务专用章。

（6）出纳人员应与货币资金的稽核人员、会计档案保管人员相分离。

（7）出纳人员应与负责现金清查人员和银行对账人员相分离。

（8）建立出纳人员、专用印章保管人员、会计人员、稽核人员、会计档案保管人员及货币资金清查人员的责任制度。

项目三 出纳与会计的关系

学习目标

了解出纳与会计的关系

一、总账会计、明细账会计和出纳各有分工

总账会计负责企业经济业务的总括核算，为企业经济管理和经营决策提供总括的、全

面的核算资料；明细账会计分管企业的明细账，为企业经济管理和经营决策提供明细分类核算资料；出纳则分管企业票据、货币资金及有价证券等的收付、保管、核算工作，为企业经济管理和经营决策提供各种金融信息。从总体上讲，必须实行钱账分管，出纳人员不得兼管稽核和会计档案保管，不得负责收入、费用、债权债务等账目的登记工作。总账会计和明细账会计则不得管钱管物。

二、总账会计、明细账会计和出纳之间既互相依赖又互相牵制

总账会计、明细账会计和出纳核算的依据是相同的，都是会计凭证。这些作为记账凭据的会计凭证必须在出纳、明细账会计、总账会计之间按照一定的顺序传递。三者相互利用对方的核算资料，共同完成会计任务，不可或缺。同时，它们之间又互相牵制与控制。出纳的现金和银行存款日记账与总账会计的现金和银行存款总分类账，总分类账与其所属的明细分类账，明细账中的有价证券账与出纳账中相应的有价证券账，有金额上的等量关系。这样，总账会计、明细账会计和出纳三者之间就构成了相互牵制与控制的关系，三者之间必须相互核对，保持一致。

三、出纳与明细账会计的区别只是相对的

出纳核算也是一种特殊的明细核算，它要求分别按照现金和银行存款设置日记账，银行存款还要按照存入的不同户头分别设置日记账，逐笔、序时地进行明细核算。“库存现金日记账”要每天结出余额，并与库存数进行核对；“银行存款日记账”也要在月内多次结出余额，与开户银行进行核对。月末都必须按规定进行结账。月内还要多次出具报告单，报告核算结果，并与现金和银行存款总分类账进行核对。

四、出纳工作是一种账实兼管的工作

出纳工作主要是现金、银行存款和各种有价证券的收支与结存核算，以及现金、有价证券的保管和银行存款账户的管理工作。现金和有价证券放在出纳的保险柜中保管；银行存款由出纳办理收支结算手续。出纳工作既要进行出纳账务处理，又要进行现金、有价证券等实物的管理和银行存款收付业务，在这点上和其他财会工作有着显著的区别。除了出纳，其他财会人员管账不管钱，管账不管物。对出纳工作的这种分工，并不违背财务“钱账分管”的原则，由于出纳账是一种特殊的明细账，总账会计还要设置“现金”、“银行存款”、“长期股权投资”等相应的总分类账对出纳保管和核算的现金、银行存款、有价证券等进行总金额的控制。其中，有价证券还应有出纳核算以外的其他形式的明细分类核算。

五、出纳工作直接参与经济活动过程

货物的购销必须经过两个过程——货物移交和货款的结算。其中货款的结算，即货物价款的收入与支付就必须通过出纳工作来完成；往来款项的收付、各种有价证券的经营及其他金融业务的办理，更离不开出纳人员的参与。这也是出纳工作的一个显著特点，其他财务工作一般不直接参与经济活动过程，而只对其进行反映和监督。

模块二　现金、票据及预留银行印鉴的保管

项目一　现金及有价证券的保管

学习目标

1. 了解现金的保管
2. 了解有价证券的保管

一、现金的保管

现金的保管主要指对每日收取的现金和库存现金的保管。现金保管要有相应的安保措施，重点在于出纳办公室和保险柜。出纳办公室应坚固、防潮、防火、防盗、通风，门窗装配防盗门与金属防护栏。保险柜应靠出纳室内墙放置，保险柜钥匙由出纳人员专人保管，不得交由其他人员代管。保险柜密码应由出纳人员严格保密，并做好开启记录。出纳人员工作变换时，应及时更换密码。保险柜钥匙或密码丢失或发生故障，要立即报请领导处理，不得随意找人修理或配匙。更换保险柜要有报批手续，注明更换情况备查。

二、有价证券的保管

有价证券是一种具有储蓄性质的，可以最终兑换成人民币的票据，包括国库券、国家重点建设债券、地方债券、金融债券和股票等。有价证券可视同现金，与现金的保管要求基本一样。值得注意的是，要对各种有价证券的面额和号码予以保密，另外，为掌握各种债券的到期时间，应建立“认购有价证券登记簿”。

项目二　支票及空白收据的保管

学习目标

1. 了解空白支票的保管
2. 掌握支票的填制
3. 了解空白收据的保管

一、空白支票的保管

支票是一种支付凭证，包括现金支票和转账支票。为使开户企业随时可以通过开户银行办理款项支付业务，在银行存款额度内，开户企业可向开户银行领购支票，并保留一定数量的空白支票备用。空白支票一旦填写了有关内容，加盖有关印章后，即可成为直接从银行提款或结算的凭据，所以，必须对空白支票严格管理，实行专人保管、票印分管，建

立“支票领用登记簿”（见表 1-1）和审批制度。

表 1-1 支票领用登记簿

日期	支票类型	支票号码	收款单位	金额	领用人	核准人
2016-1-9	现金	*XII324580*	易通贸易公司	*30 000*	张明	徐文龙

上岗一试

2015 年 6 月 10 日，永丰有限责任公司营业部刘运飞申请 20 000 元转账支票 1 张，用于支付供货商武汉光明贸易公司打印机购货款，支票号码 XII415140，财务负责人张云核准签发，请填写“支票领用登记簿”（见表 1-2）。

表 1-2 支票领用登记簿

日期	支票类型	支票号码	收款单位	金额	领用人	核准人

二、支票的填制

（1）按照支票簿上的支票号码顺序签发，不得跳页。

（2）签发支票必须要素齐全、内容真实、数字正确、字迹清晰、不错漏、不潦草，防止涂改。支票的内容不得更改，更改的票据无效，应作废。作废的支票应在支票上注明“作废”的字样，并妥善保管，不得撕毁。

（3）签发支票应使用碳素墨水或墨汁填写，中国人民银行另有规定的除外。

（4）单位和银行的名称用全称，不得简写，单位和个人名称的填写要与其在银行预留印鉴的名称完全一致。

（5）支票日期必须是签发当日，不准签发远期支票。票据的出票日期必须使用中文大写，使用小写填写的，银行不予受理。在填写月、日时，月为 1 月、2 月和 10 月的，日为 1 日至 9 日、10 日、20 日和 30 日的，应在其前加“零”；日为 11 日至 19 日的，月为 11 月、12 月的，应在其前加“壹”。

（6）付款行名称和出票人账号为出票单位开户行名称和银行账号。

（7）大小写金额填写规范，大小写金额数字到元或角为止的，在其后应写整或正字，有分的不写。大写金额栏货币名称与金额数字之间不得留有空白。小写金额数字前用“¥”封顶，一律填写到角分，无角分的，角位和分位可写“00”或“0”。

（8）支票若加密码，应于签发时填写本张支票的密码，不能提前将支票密码加填，不得签发支票密码错误的支票。支票的密码可以在单位购买支票时从开户银行随机取得每张支票的密码，单位填写支票时，应在确认支付的支票“小写金额栏”下方的“空格栏”内填写该支票的密码；支票的密码也可以采用配置的密码机自动产生，由会计人员在密码机上输入支票编号等信息后，密码机自动产生密码，将该密码填入“支付密码”栏，银行核对相符后可办理款项转账与支现业务。

（9）支票金额不得超过出票人付款时在付款人处实有的存款余额，否则为空头支票，禁止签发空头支票。如果签发了空头支票，中国人民银行处以票面金额 5%但不低于 1 000 元的罚款；持票人有权要求赔偿支票金额 2%的赔偿金。

上岗一试

2015 年 6 月 18 日，永丰有限责任公司财务部门开出现金支票一张，提取现金 5 000 元备用（开户银行：农行北京阜成支行，账号：30020067124088，支票号码：X2418990），请开具现金支票（见表 1-3）。

表 1-3　现金支票

<table>
<tr><td>中国农业银行
现金支票存根（京）
BG/02　09876785
附加信息＿＿＿＿＿
＿＿＿＿＿
＿＿＿＿＿
出票日期　年　月　日
收款人：
金额：
用途：
单位主管：　会计：</td>
<td>中国农业银行　现金支票（京）BG/02　09876785
出票日期（大写）　年　月　日　付款行名称：
本支票付款期限十天
收款人：　出票人账号：
人民币（大写）　亿 千 百 十 万 千 百 十 元 角 分
用途＿＿＿＿
上列款项请从
我账户内支付
出票人签章　复核　记账</td></tr>
</table>

三、空白收据的保管

空白收据即未填制的收据。空白收据一经填写，并加盖有关印鉴，即可成为办理转账结算和现金支付的书面证明，关系到资金的安全。空白收据一般应由主管会计人员保管，建立“空白收据登记簿”。收据用完后要及时归还、核销，使用部门不得将收据带出工作单位使用，不得转借、赠送或买卖；不得开具票面与实际不相符，存根联与其他联不相符的收据；作废收据要加盖“作废”章，各联要连同存根一起保管，不得撕毁或丢失。

上岗一试

2015 年 10 月 8 日，永丰有限责任公司营业部开票员李芬，工牌号为 XY021，申请领用空白收据 1 本，起始号为 NO.00426001～NO.00426100，财务部负责人张云核准。请尝试将“空白收据登记簿”（见表 1-4）填写完整。

表 1-4 空白收据登记簿

领用日期		领用单位	起始号码	证件	领用人	核准人
月	日					

项目三 预留银行印鉴的使用

学习目标

1. 了解预留银行印鉴的含义
2. 掌握预留银行印鉴的使用规范

一、预留银行印鉴的含义

预留银行印鉴又称预留印鉴，即企业在银行开设账户，开户时所需要的在银行预留的印鉴，也就是公司财务专用章和法人代表（或者是其授权的一个人）名字的印章（俗称“小印”）。印鉴要盖在一张卡片纸上，留在银行。当企业需要通过银行对外支付时，先填写对外支付申请，申请必须有如上印鉴。银行经过核对，确认对外支付申请上的印鉴与预留印鉴相符的话，即可代企业进行支付。一般来讲，预留印鉴是由公司财务专用章（见图 1-3）和法人印章（见图 1-4）组成，缺一不可。

图 1-3 公司财务专用章

图 1-4 法人印章

二、预留银行印鉴的使用规范

（1）单位预留银行印鉴不得由一人保管，必须遵循内部控制，由不同的人员分别保管，同时还要贯彻票印分管原则，空白支票和印章也不能由一人负责保管，以防止舞弊行为发生。例如，永丰有限责任公司的预留印鉴为财务专用章和法定代表人的名章，财务专用章由会计机构负责人保管，法人名章由单位负责人授权的某会计人员保管。在收到支票后首先进行审核，如发现有遗漏的内容，应由出纳补充完整；有错误的内容，如日期、金额填写不规范、不正确，支票作废；有涂改的地方，支票也作废，需重新填写一张正确的支票。

（2）签章时，出票人为单位的，支票上出票人的签章为与该单位在银行预留印鉴一致的财务专用章或公章加其法定代表人（或者其授权的代理人）的签名或盖章；出票人为个人的，为与该个人在银行预留印鉴一致的签名或盖章。

（3）支票上加盖的印章必须清晰，印章模糊的支票作废。支票出票人的预留银行印鉴是银行审核支票付款的依据。出票人不得签发与其预留银行印鉴不符的支票，否则，银行不仅将支票作废退回，还处以票面金额5%但不低于1 000元的罚款；持票人有权要求赔偿支票金额2%的赔偿金。

模块三　账簿的启用及日记账的设置

项目一　账簿的启用

学习目标

1. 掌握账簿封面的填写
2. 掌握账簿启用表的填写

一、填写账簿封面

（1）单位名称：如“永丰有限责任公司”。

（2）账簿名称：如“现金日记账”。

如果企业订本式日记账账本封面内容已印制完成，可不用再行填写。

二、填写账簿启用表

（1）单位名称。

（2）账簿名称。

（3）账簿页数。

（4）启用日期。

（5）记账人员和会计机构负责人、会计主管人员姓名。

（6）加盖名章和公章。

（7）粘贴印花税票，并在印花税票上面画两道线注销。

（8）出纳员工作交接时，应注明交接日期、接办人员和监交人员姓名，由交接双方签名盖章。

账簿启用表的填写样式如表 1-5 所示。

表 1-5 账簿启用表的填写样式

<table>
<tr><td colspan="3">单位名称</td><td colspan="7">永丰有限责任公司</td><td colspan="2">单位公章</td></tr>
<tr><td colspan="3">账簿名称</td><td colspan="7">银行存款日记账</td><td colspan="2" rowspan="4">永丰有限责任公司
财务专用章</td></tr>
<tr><td colspan="3">账簿编号</td><td colspan="7">09-01</td></tr>
<tr><td colspan="3">账簿页数</td><td colspan="7">200 页</td></tr>
<tr><td colspan="3">启用日期</td><td colspan="7">2015 年 1 月 1 日</td></tr>
<tr><td rowspan="3">经管人员</td><td colspan="2">会计主管</td><td colspan="4">稽核</td><td colspan="4">记账</td><td rowspan="6"></td></tr>
<tr><td>姓名</td><td>盖章</td><td colspan="2">姓名</td><td colspan="2">盖章</td><td colspan="2">姓名</td><td colspan="2">盖章</td></tr>
<tr><td>张云</td><td>张云</td><td colspan="2">蒋晓霞</td><td colspan="2">蒋晓霞</td><td colspan="2">曾丽</td><td colspan="2">曾丽</td></tr>
<tr><td rowspan="3">交接记录</td><td colspan="2">经营人员</td><td colspan="4">接管</td><td colspan="4">交出</td></tr>
<tr><td>职务</td><td>姓名</td><td>年</td><td>月</td><td>日</td><td>盖章</td><td>年</td><td>月</td><td>日</td><td>盖章</td></tr>
<tr><td></td><td></td><td></td><td></td><td></td><td></td><td></td><td></td><td></td><td></td></tr>
</table>

上岗一试

2015 年 7 月 1 日，永丰有限责任公司出纳员曾丽启用新的现金日记账账簿。账簿编号为 07-01，第一册，共 200 页，公司财务主管为张云。请教师预先备好相关公司财务章和印花税票样件，请同学填写账簿启用表（见表 1-6）。

表 1-6 账簿启用表

<table>
<tr><td colspan="3">单位名称</td><td colspan="7"></td><td colspan="2">单位公章</td></tr>
<tr><td colspan="3">账簿名称</td><td colspan="7"></td><td colspan="2" rowspan="4"></td></tr>
<tr><td colspan="3">账簿编号</td><td colspan="7"></td></tr>
<tr><td colspan="3">账簿页数</td><td colspan="7"></td></tr>
<tr><td colspan="3">启用日期</td><td colspan="7"></td></tr>
<tr><td rowspan="3">经管人员</td><td colspan="2">会计主管</td><td colspan="4">稽核</td><td colspan="4">记账</td><td rowspan="6"></td></tr>
<tr><td>姓名</td><td>盖章</td><td colspan="2">姓名</td><td colspan="2">盖章</td><td colspan="2">姓名</td><td colspan="2">盖章</td></tr>
<tr><td></td><td></td><td colspan="2"></td><td colspan="2"></td><td colspan="2"></td><td colspan="2"></td></tr>
<tr><td rowspan="3">交接记录</td><td colspan="2">经营人员</td><td colspan="4">接管</td><td colspan="4">交出</td></tr>
<tr><td>职务</td><td>姓名</td><td>年</td><td>月</td><td>日</td><td>盖章</td><td>年</td><td>月</td><td>日</td><td>盖章</td></tr>
<tr><td></td><td></td><td></td><td></td><td></td><td></td><td></td><td></td><td></td><td></td></tr>
</table>

项目二　日记账的设置

学习目标

1. 了解日记账的设置
2. 掌握日记账的对账与结账

一、库存现金日记账的设置

为了加强现金收支管理，出纳员必须及时设置库存现金日记账用于登记现金的收、付、存的情况，库存现金日记账的基本格式如表 1-7 所示。

表 1-7　库存现金日记账

年		凭证		摘要	对方科目	借方									贷方									余额								
月	日	字	号			百	十	万	千	百	十	元	角	分	百	十	万	千	百	十	元	角	分	百	十	万	千	百	十	元	角	分

现金日记账由出纳人员根据审核后的收、付款凭证，按照业务发生的先后顺序逐日、逐笔登记。每天业务终了时，出纳员要结出本日收入合计、本日支出合计和本日余额，同时还应将账目余额与库存现金余额进行核对，保证账款相符。

二、银行存款日记账的设置

银行存款日记账是由出纳人员根据银行收款凭证、银行付款凭证和超过库存现金限额送存银行的现金付款凭证，按时间先后顺序逐日逐笔登记的账簿。

银行存款日记账一般采用订本式账簿，账页采用“三栏式”即“收入”（借方）、“付出”（贷方）和“结存”三栏，其格式与登记方法与库存现金日记账基本相同（见表 1-8）。

表 1-8 银行存款日记账

开户行名称：

年		凭证		摘要	对方科目	借方									贷方									余额								
月	日	字	号			百	十	万	千	百	十	元	角	分	百	十	万	千	百	十	元	角	分	百	十	万	千	百	十	元	角	分

每日终了，应结出本日收付发生额及余额，以便掌握每日银行存款的结存数，并定期与银行转来的对账单核对，以保证账实相符。

三、日记账对账与结账

出纳员日记账对账工作主要包括账实核对、账证核对和账账核对。账实核对包括现金日记账与库存现金实存额之间的核对、银行存款日记账与银行对账单之间的核对；账证核对是指日记账与会计凭证之间的核对；账账核对是指日记账与总账之间的核对。

日记账要做到日清月结，每日要结出余额，以便与实际结存数进行核对；月末要结出本月发生额及月末余额，并在“本月合计”行上下方各画一条单红线，表示已结账（见表 1-9）。每年年末需要计算本年度借方发生额合计、贷方发生额合计及年末余额，并将年末余额结转到下年度新的日记账的年初余额栏中。

表 1-9 库存现金日记账

15 年		凭证		摘要	对方科目	借方									贷方									余额								
月	日	字	号			百	十	万	千	百	十	元	角	分	百	十	万	千	百	十	元	角	分	百	十	万	千	百	十	元	角	分
3	1			期初余额																							8	0	0	0	0	0
3	1	记	1	销售收款					5	8	5	0	0	0												1	3	8	5	0	0	0
3	1	记	2	收回差旅费余款						6	5	0	0	0												1	4	5	0	0	0	0
3	2	记	3	发放津贴													1	4	0	0	0	0	0					5	0	0	0	0
3	2	记	4	提取备用金					8	0	0	0	0	0													8	5	0	0	0	0
3	2	记	5	预借差旅费														1	0	0	0	0	0				7	5	0	0	0	0
3	12	记	6	报销差旅费															2	3	0	0	0				7	2	7	0	0	0
3	13	记	8	送存现金														5	5	9	0	0	0				1	6	8	0	0	0
3	18	记	9	提取现金					4	5	0	0	0	0													6	1	8	0	0	0
3	20	记	10	现金盘亏																6	0	0	0				6	1	2	0	0	0
3	20	记	10	收到赔偿款							6	0	0	0													6	1	8	0	0	0
3	30			本月合计				1	9	0	6	0	0	0			2	0	8	8	0	0	0				6	1	8	0	0	0

出纳员在将上一年的旧账对账、结账完毕，要及时地将日记账交由档案人员造册归档，并登记“会计账簿归档登记表”，以明确责任。

永丰有限责任公司 2015 年 6 月银行存款日记账登记如表 1-10 所示，请代为结账。

表 1-10 银行存款日记账

开户行名称：农行北京阜成支行　　　　账号：30020067124088

15 年		凭证		摘 要	对方科目	借 方									贷 方									余 额								
月	日	字	号			百	十	万	千	百	十	元	角	分	百	十	万	千	百	十	元	角	分	百	十	万	千	百	十	元	角	分
6	1			期初余额																					8	8	0	0	0	0	0	0
6	2	记	1	收回货款				5	8	5	0	0	0	0											9	3	8	5	0	0	0	0
6	8	记	4	提现														6	0	0	0	0	0		9	3	2	5	0	0	0	0
6	10	记	6	代发工资													4	8	9	0	0	0	0		8	8	3	6	0	0	0	0
6	15	记	11	购买商品														6	8	0	0	0	0		8	7	6	8	0	0	0	0
6	20	记	15	销售商品														5	8	5	0	0	0		8	7	0	9	5	0	0	0
6	25	记	22	偿还借款													1	0	0	0	0	0	0		8	6	0	9	5	0	0	0
6	29	记	24	支付电费														1	0	8	0	0	0		8	5	9	8	7	0	0	0

第二章

出纳基本功

模块一　出纳基本技能

项目一　验钞技能

学习目标

1. 掌握人民币防伪特征
2. 掌握假币鉴别方法

出纳员在日常工作中，经常接触大量的现金，因此掌握识别人民币真伪的知识是有必要的。

一、人民币防伪特征

此处以第五套人民币 100 元券为例（见图 2-1），介绍其防伪特征。

图 2-1　第五套人民币 100 元券

二、假币鉴别方法

鉴别人民币真假有人工鉴别与机器鉴别两种手段。机器鉴别就是使用验钞机鉴别。下面介绍人工鉴别人民币真假的方法。

（1）纸张。真钞用纸为专用的造币纸，手感薄，整张纸币在紫外线下无荧光反射。纸币中不规则分布着黄蓝色荧光纤维。日常下肉眼可见，在紫外线下纤维有荧光反射。假钞用纸是普通胶版纸或普通书写纸，手感较厚，表面平滑，在紫外线下币纸呈现白色荧光，且无黄蓝色荧光纤维。但有时真币也会在紫外线下呈现白色荧光，这是因为纸币被含荧光剂的物质（最普遍的就是日用洗衣粉）污染了。

（2）印刷。真钞的正背面图案均为雕刻凹版印刷、人物的头发根根清晰可辨，线条光洁凸立，仔细摸索能够感觉到人像上每根头发的纹路。假钞系平印印刷、四色套印，所以图案着墨不匀、纹理不清晰。肖像的头发由网点油墨堆积成片，因此发丝无法辨认。假钞纸纹同样由网点组成，如借助 8 倍左右放大镜观察，根据直线或曲线变成一个个小点形成的线，杂乱错落无序。

（3）磁性安全线。真钞安全线具有磁性，可用机器辅助识别，肉眼可见安全线内有缩微文字（限于 100 元、50 元、20 元），文字清晰，间隔有序，线条宽窄一致。假钞安全线很难做到有磁性，虽也有文字但并不整齐，且线有窄有宽。由于是手工埋设，纸张皱褶不平，加上塑料质地的安全线与纸张伸缩率不同，埋设得又不服帖，致使安全线两端长出一段，呈银白色的点状线头。

（4）水印。真钞水印是造纸过程中趁纸浆未完全吃水、干燥之前经模具挤压形成的，压力轻重大小形成图像的明暗层次，且层次过渡自然，富有神韵，图像清晰，立体感强。假钞水印由于手工制作，质量低劣。目前所知的制作方法有揭开纸张的夹层，在其中涂上一层糊状物，再将两层纸一并合压，趁湿把纸垫在刻有图像的凹版上，经压而成。由于手工操作，致使具有水印一端的假钞纸张不平整。

（5）正背互补对印。真钞的正背面互补对印图案是印钞专用设备正背面一次印刷完成的。正背面的互补对印图案，在透视条件下完全吻合，准确无误。假钞分做正背面两次平印印刷，对印图案往往不能吻合，如果加上纸张伸缩原因，对印偏离更大，如对印图案上下错位，图案间距宽窄不一或叠压等。

（6）无色荧光油墨。真钞左上角紫外线下显现出一矩形框“100/50/20/10/5”字样，发出强烈的橘黄色荧光。假钞在紫外线下，同样在上述真钞部位有荧光反射，但颜色浓度、荧光强度均相差甚远，黯然无色。如果发现钞票荧光有异，应与真币进行对比辨别真伪。

（7）光变油墨。新钞正面左下角在号码下面有“100/50/20/10”字样，是用光变油墨印制的（新版 5 元纸无此设计），正常视角观察为草绿色，直观或平视都呈现为蓝黑色。视角改变过程中色彩渐变。假钞制作时，由于无法得到这种特别的光变油墨，只得用草绿色油墨印制“100/50/20/10”字样，不会变色。

（8）隐形数字。新钞右上角在“100/50/20/10/5”字样下端团花装饰内有“100/50/20/10/5”字样隐形数字，从右端横向平视钞票时清晰可见，字样系由规律性线条组成，用雕刻凹印印制，直视或平视时会产生不同的视觉效应。假钞因是平印印刷，线条由网点组成，破坏了设计者构想的视觉效应，凭此一点也完全可以判断钞票的真伪。如果平视时没有看到“100/50/20/10/5”隐形字样的钞票，一定是假钞。

（9）号码。真钞的号码是计量数字，绝对没有重复号码，而且字形工整、标准，墨量、颜色、压力均匀一致，质量好。真钞号码是由凸印印刷，号码部位的背面有压痕。假钞号码的特点是：号码数字大多相同；字形不标准；颜色深浅不一致；由于是平印印刷，背面无压力痕迹。

（10）磁性油墨。真钞正面左下角采用双色横号码（2位冠字、8位号码）具有磁性，可用机器辅助鉴别（新版5元纸币没有这样设计）。假钞双色横号码无磁性，但往往制作假钞时会在该部位涂上磁粉以欺骗机器。因此有磁性的纸币并不代表一定为真币，但无磁性的纸币一定为假币。

上岗一试

请老师准备若干100元面值的人民币，真币与假币混在一起，组织学生分组鉴别。

项目二　点钞技能

学习目标

1. 掌握人工点钞的方法与要领
2. 了解点钞机基本功能键
3. 了解破损人民币的处理

一、人工点钞

（一）人工点钞的基本步骤

（1）拆把。把待点钞票按照不同点钞方法的要求拿在手中，然后脱去扎钞纸带，为点数做好准备。

（2）点数。左手持钞，右手点钞，眼睛紧盯过数的钞票，同时记数。

（3）扎把。把整点准备的百张钞票码放整齐，用扎把纸带捆扎牢固。

（4）盖章。在捆扎钞票的纸带上加盖点钞人员的名章，以明确责任。

（二）人工点钞基本方法

1. 手持式单指单张点钞法

手持式单指单张点钞法是最基本、最常用的点钞方法，可用于收付款的初点、复点，以及新、旧、大、小面额钞票的整点。由于持票人持票所占的票面较小，视线可及票的3/4，且逐张捻动，较容易发现假钞，挑剔残破币也比较方便。

（1）拆把。左手横执钞票，将钞票横立桌面，钞票正面朝向身体。左手手心向上，拇指、无名指和小指在钞票正面，食指和中指放在钞票背面，将钞票左端夹在中指、无名指之间，左手拇指在钞票正面左端约1/4处。食指伸直，拇指向上移动，按住钞票侧面，将钞票压成瓦形，右手上前脱去纸条或食指伸开，其他手指自然弯曲，左手腕向内弯扣，同时食指向前伸，将扎钞纸条勾断。

（2）持钞。拆把后，左手中指和无名指夹紧钞票左端，拇指按住钞票内侧将钞票向外翻推，拆出一个微开的扇面形状，食指伸直托住钞票背面，使钞票自然直立，与桌面基本垂直；同时，右手拇指、食指、中指蘸水做点钞准备，如图2-2所示。

（3）清点。左手持钞打开扇面后，右手拇指尖逐张向下捻动钞票的右上角，捻的幅度要小、要轻，不要抬得太高，以免影响速度。无名指同时配合拇指将捻动的钞票向下弹拨，拇指捻动一张，无名指弹动一张；左手拇指随着点钞的进度逐步向后移动，食指向前推移钞票，以便加快钞票下落的速度，如图 2-3 所示。

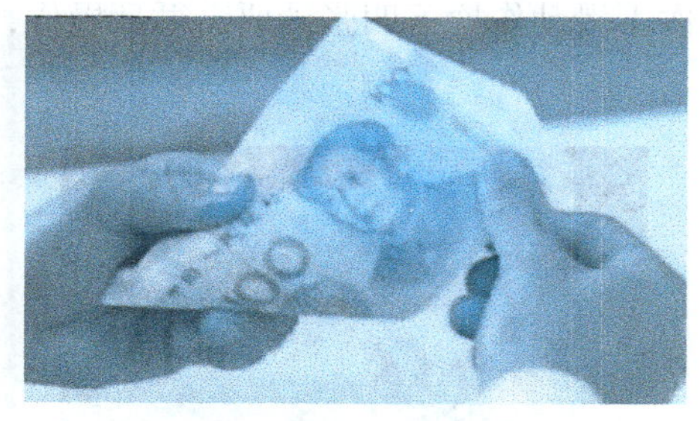

图 2-2　持钞

图 2-3　清点

（4）记数。记数要与清点同时进行，采用单数分组记数法记数。把 10 作 1 记，即 1,2,3,4,5,6,7,8,9,1（10）；1,2,3,4,5,6,7,8,9,2（20），依此类推，数到 1,2,3,4,5,6,7,8,9,10（100）时，即整 100 张为一把。采用这种方法记数时要默记，做到手、眼、脑密切配合，既准又快。

（5）挑残破票。清点时发现残损钞票要随手向外折叠，使钞票伸出外面一截，待点完整把钞票后，再抽出残票、补上好票。若发现可疑券还应进行真伪鉴别。

（6）扎把。点完 100 张后，左手拇指与食指、中指之间捏住钞票，无名指、小指伸向钞票的背面，使钞票正面朝向身体横执在桌面上，竖起蹾齐，使其四端整齐，然后左手持钞，右手取纸条将钞票捆扎牢固。扎把方法可依据自己的习惯，采用拧扎法或缠绕捆扎法，如图 2-4 所示。

（7）盖章。钞票扎把后，要在钞票侧面的纸条上盖上点钞人员的名章，以明确责任，盖章要清晰可见，如图 2-5 所示。

图 2-4　扎把

图 2-5　盖章

2. 多指多张点钞法

多指多张点钞法是指点钞时用小指、无名指、中指、食指依次捻下一张钞票，一次清点四张钞票的方法，也叫四指四张点钞法。这种点钞法适用于收款、付款和整点工作，这种点钞方法不仅省力、省脑，而且效率高，能够逐张识别假钞票和挑剔残破钞票。

（1）持票。用左手持钞，中指在前，食指、无名指、小指在后，将钞票夹紧，四指同时弯曲将钞票轻压成瓦形，拇指在钞票的右上角外面，将钞票推成小扇面，然后手腕向里转，使钞票的右里角抬起，右手五指准备清点，如图 2-6 所示。

（2）清点。右手腕抬起，拇指贴在钞票的右里角，其余四指同时弯曲并拢，从小指开始每指捻动一张钞票，依次下滑四个手指，每次下滑动作捻下四张钞票，循环操作，直至点完 100 张，如图 2-7 所示。

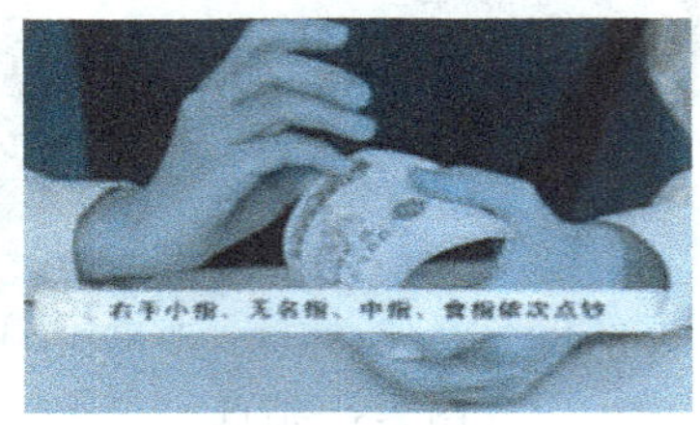

图 2-6 持票

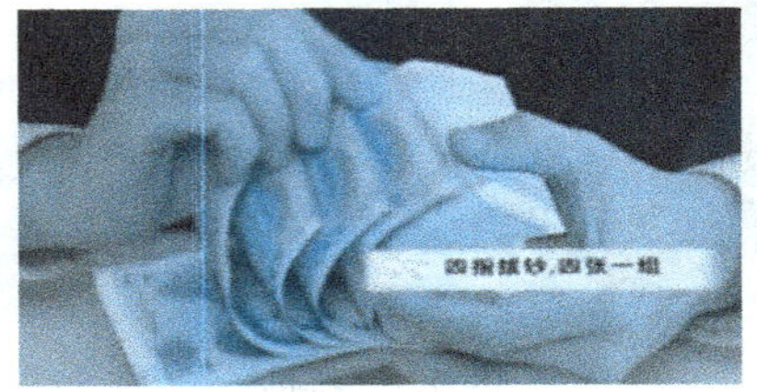

图 2-7 清点

（3）记数。采用分组记数法，每次点 4 张为 1 组，记满 25 组为 100 张。

3. 硬币清点方法

硬币清点前，应首先将不同面值的硬币分类码齐排好，一般 5 枚或 10 枚为一垛。清点时，可将硬币从右向左分组清点，用右手拇指和食指持币分组点数。为了准确，可以用中指分开查看各组数量，在复点无误后即可计算金额。

上岗一试

教师组织学生每人准备若干把练功券，在示范动作后，由学生在练习中体会技术要领。

二、点钞机点钞

机器点钞速度较快，在点钞的同时还能检验钞票的真伪，有利于提高出纳的工作效率。但是，点钞机存在一定的局限性，因此机器点钞一般多用于钞票的复点。图 2-8 为鉴伪点钞机。

图 2-8 鉴伪点钞机

点钞机的种类和型号有很多种，但其功能主要是点钞和鉴伪，在点钞过程中，检测到假钞时机器将发出警报声。点钞机一般在电源开关打开时，便具有点钞和紫光验钞的功能，其他功能需要按相应功能键方可完成。点钞机基本功能键包括以下几种。

（1）启动键：当停机需再运行或使用手动键时，按动此键。

（2）清零键：当需要清除当前计数值，即回到“0”重新计数时，按动此键。

（3）光检键（或光检指示灯）：按动此键（或光检指示灯亮），可以清点任何不同面值无紫光反应的钞票。一般情况下，开启机器时紫光鉴伪也同时具备，无须设置。

（4）磁检键（或磁检指示灯）：按动此键（或磁检指示灯亮），能混点不同面值有磁性反应的钞票。

（5）数码键（或数码指示灯）：按动此键（或数码指示灯亮），第四套人民币和第五套人民币不能混点，第四套人民币 100 元和 50 元可以混点，第五套人民币 50 元、20 元、10 元、5 元可以混点。

（6）累加键：累加功能可以连续累计清点数的总值，直至数值显示“9999”张后，即回到“0”重新计数。

（7）预置键：按动此键，预置显示窗将会依次显示为 10、20、25、50、100、空白等字样，再按动“+”或“–”键设置你理想的数字，设置完毕就可以进行票面的清点，要取消预置数可直接按动此键。

三、破损人民币的处理

（一）挑剔破损人民币

破损人民币是指人民币在流通中因自然磨损、保管不善或其他原因引起的，破坏了其票面完整性的票币。出纳人员在日常工作中应挑出如下破损人民币：

（1）行名、花边、字头、号码、国徽等有破损的。

（2）票面裂口超过 1/3 或损及花边、图案的。

（3）票面纸质较旧，四周或中间有裂缝，或者断开而粘补的。

（4）票面污垢面积较大或涂写痕迹过多，妨碍票面整洁的。

（5）票面变色严重影响图案清晰的。

（6）硬币残缺、穿孔、变形、磨损、氧化损坏花纹的。

（二）处理破损、残缺人民币

（1）凡残缺人民币属于下列情形之一者，出纳人员可向中国人民银行全额兑换：

1）票面残缺不超过 1/5，剩余部分的图案、文字完好的；

2）票面污损、熏焦、水浸、变色，但能识别真假，票面完整或残缺不超过 1/5，票面其余部分的图案、文字能照原样连接的。

（2）票面残缺 1/5 以上到 1/2 面积，其余部分的图案文字能照原样连接的，可向中国人民银行按原面额半额兑换，但不得流通使用。

（3）凡残缺人民币属于下列情况之一的，银行不予兑换，因此，出纳人员在工作中应重点注意以下情况：

1）票面残缺 1/2 以上的；

2）票面污损、熏焦、水浸、油浸、变色，不能辨别真假的；

3）故意挖补、涂改、剪贴、拼凑，揭去一面的。

（4）对于不予兑换的人民币，一般做如下处理：

1）不予兑换的残缺人民币由中国人民银行打洞作废，不得流通使用；

2）不予兑换的破损人民币由银行加盖“作废”戳记，不得流通使用；

3）出纳人员可向银行申请退还给本企业不予兑换的票券或硬币。

项目三　会计书写技能

学习目标

1. 掌握数字书写要求
2. 掌握金额书写要求

出纳人员应掌握会计书写的基本技能，正确、规范地在会计凭证、账簿、报表中书写文字、大小写数字。会计书写主要包括数字书写和金额书写两方面。

一、数字书写要求

（一）阿拉伯数字书写要求

（1）阿拉伯数字要大小匀称，笔画流畅。每个数码一个一个地写，独立有形，使人一目了然，不能连笔书写，特别是要连着写几个“0”时，一定要单个地写，不能将几个“0”连在一起一笔写完。数字的排列要整齐，数字之间的空隙应均匀，不宜过大。

（2）阿拉伯数字书写时应有一定的斜度，排列有序且字体要自右上方向左下方倾斜地写，倾斜角度的大小以笔顺书写方便、好看易认为准，不宜过大也不宜过小，一般可掌握在 60 度左右，即数字的中心线与底平线通常成 60 度的夹角。

（3）阿拉伯数字书写还应有高度标准，一般要求数字的高度占横格高度的 1/2（或 2/3）为宜，书写时还要注意紧靠横格底线，以便需要更正时可以再次书写。

（4）阿拉伯数字书写时，笔画顺序是自上而下，先左后右，防止写倒笔字。

（5）阿拉伯数字书写时，同行的相邻数字之间要空出半个阿拉伯数字的位置，但也不可预留间隔（以不能增加数字为好）。

（6）阿拉伯数字书写时，除“4”、“5”以外数字，必须一笔写成，不能人为地增加数字的笔画；“6”字要比一般数字向右上方长出 1/4，“7”和“9”字要向左下方（过底线）长出 1/4。

（7）阿拉伯数字书写时，为了防止涂改，对有竖划数字的写法应有明显区别，如“6”的竖划应偏左，“4”、“7”、“9”的应偏左，“1”应写在中间；对于易混淆且笔顺相近的数字，在书写时，尽可能地按标准字体书写，区分笔顺，避免混同，以防涂改。例如，“1”不可写得过短，要保持倾斜度，将格子占满，这样就可防止改写为“4”、“6”、“7”、“9”；书写“6”时要顶满格子，下圆要明显，以防止改写为“8”；“7”、“9”两字的落笔可延伸到底线下面；“6”、“8”、“9”、“0”的圆必须封口。

（二）大写数字书写要求

（1）汉字大写数字书写，要以正楷或行文字体书写，不得连笔写。

（2）汉字大写数字书写，不允许使用未经国务院公布的简化字或谐音字。汉字大写数字一律用“壹、贰、叁、肆、伍、陆、柒、捌、玖、拾、佰、仟、万、亿、元、角、分、零、整”等易于辨认、不易涂改的字样，不得用〇、一、二（两）、三、四、五、六、七、八、九、十等简化字代替，不能任意自造简化字，不能用“毛”代替“角”，“另”代替“零”。

（3）汉字大写数字书写，字体要各自成形，大小匀称，排列整齐，字迹要工整、清晰。

二、金额书写要求

（一）小写金额书写要求

（1）没有位数分割线的凭证、账、表上的书写标准：

1）阿拉伯金额数字前面应当书写货币币种符号或货币名称简写，币种符号和阿拉伯数字之间不得留有空白，凡阿拉伯数字前写出币种符号的，数字后面不再写货币符号；

2）以元为单位的阿拉伯数字，除表示单价等情况外，一律写到角分；没有角分的角位和分位可写出“00”或“—”；有角无分的，分位应当写出“0”，不得用“—”代替；

3）只有分位金额的，在元和角位上各写一个“0”字并在元与角之间点一个小数点，如“¥0.06”；

4）元以上每三位要空出半个阿拉伯数字的位置书写，如“¥5 647 108.92”，也可以三位一节用“分位号”分开，如“¥6,647,108.92”。

（2）有位数分割线的凭证、账、表上的书写标准：

1）对应固定的位数填写，不得错位；

2）只有分位金额的，在元和角位上均不得写“0”字；

3）只有角位或角分位金额的，在元位上不写“0”字；

4）分位是“0”的，在分位上写“0”，角分位都是“0”的，在角分位上各写一个“0”字。

（二）大写金额书写要求

（1）大写金额要紧靠货币名称（如“人民币”三字）书写，不得留有空白，如果大写金额数字前未印有货币名称，应加填货币名称（如“人民币”三字）。

（2）大写常将数字到“元”或“角”，在“元”或“角”后写“整”或“正”字，大写金额有“分”的，“分”后面不写“整”字。例如，¥12 000.00 应写为人民币壹万贰仟元整，¥48 651.80 应写为人民币肆万捌仟陆佰伍拾壹元捌角整，而¥486.56 应写为人民币肆佰捌拾陆元伍角陆分。

（3）分位是“0”可不写“零分”字样，例如，¥4.60 应写为人民币肆元陆角整。

（4）阿拉伯金额数字中间有“0”的，汉字大写金额要写“零”字。例如，¥1 409.50 应写为人民币壹仟肆佰零玖元伍角整。阿拉伯金额数字中间连续有几个“0”的，汉字大写金额中可以只写一个“零”字，例如，¥1 004.56 应写为人民币壹仟零肆元伍角陆分。

（5）阿拉伯金额数字元位是“0”的，或者数字中间连续有几个“0”，元位也是“0”，但角位不是“0”时，汉字大写金额可以只写一个零字，也可以不写“零”字。例如，¥1 680.32 应写为人民币壹仟陆佰捌拾元零叁角贰分，或者写为人民币壹仟陆佰捌拾元叁角贰分，又如，¥97 000.53 应写为人民币玖万柒仟元伍角叁分。

（6）阿拉伯金额数字角位是“0”，而分位不是“0”时，汉字大写金额“元”后面应写“零”字。例如，¥6 409.02 应写为人民币陆仟肆佰零玖元零贰分，又如，¥325.04 应写为人民币叁佰贰拾伍元零肆分。

（7）阿拉伯金额数字最高位是“1”的，汉字大写金额加写“壹”字，例如：¥15.80 应写为人民币壹拾伍元捌角整，又如，¥135 800.00 应写为人民币壹拾叁万伍仟捌佰元整。

（8）在印有大写金额万、仟、佰、拾、元、角、分位置的凭证上书写大写金额时，金额前面如有空位，可画“⊗”注销，阿拉伯数字中间有几个“0”（含分位），汉字大写金额就可以写几个零。例如，¥100.50 应写为人民币⊗万⊗仟壹佰零拾零元伍角零分。

上岗一试

为下列小写金额书写对应的汉字大写金额。

¥0.05；¥15.01；¥210.02；¥3 010.76；¥12 001.04；¥45 000.80

项目四　支票打印机的使用

学习目标

1. 了解支票打印机的优点和类型
2. 能正确使用支票打印机

支票的签发可以通过支票打印机来完成，下面简单介绍支票打印机的优点、类型及使用。

一、支票打印机的优点

出纳人员可配备自动支票打印机来完成支票打印填制工作，以达到准确、快捷、规范填制票据的工作效果。自动支票打印机具有下述优点：第一，打印规范，完全符合《支付结算办法》的规定；第二，操作简单、方便，签发支票时，只需在键盘上输入所需年、月、日和金额的阿拉伯数字，打印机液晶即会显示，便于出纳人员进行核对；第三，可防篡改、耐保存，自动支票打印机采用特制油墨，字迹清晰，具有凹凸感且不怕水、酸、碱，可以长期保存。

二、支票打印机的类型及使用

支票打印机有简易型和智能型两大类，简易型支票打印机（见图 2-9）是专门用于打印支票的打印机，智能型支票打印机（见图 2-10）可通过支票打印软件进行支票打印，同时具备打印其他文档的功能。

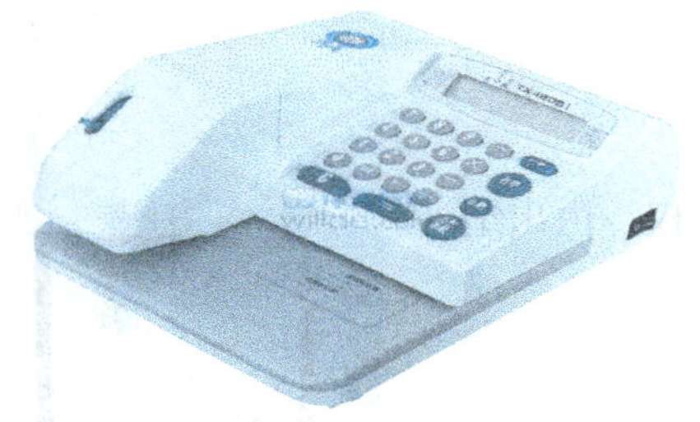

图 2-9　简易型支票打印机

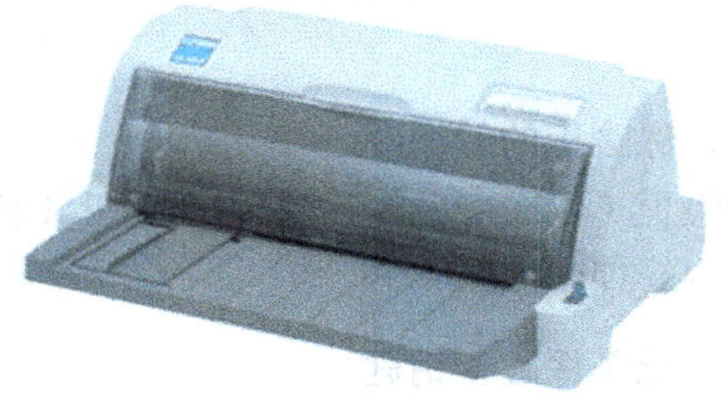

图 2-10　智能型支票打印机

（一）简易型支票打印机的使用

简易型支票打印机一般只能打印支票的日期、金额大小写和密码三项，由于每打一项都需要重新定位支票，所以操作比较麻烦。首先要有支票定位的概念，也就是要打印哪一项，就要先定位该项，然后才能打印。

（1）简易型支票打印机的日期和金额打印一般都是用支票的金额小写框来定位的。也就是说，打印日期的话，将支票金额小写框与打印机的日期定位框对齐，然后输入日期，按打印日期键，完成支票日期打印；打印金额，将支票的金额小写框与打印机的金额定位框对齐，然后输入金额，按打印金额键，完成支票金额打印。

（2）简易型支票打印机打印支票密码的操作与上面略有不同，即用支票的密码框和打印机的密码框对齐，然后先按一下密码键，输入支票密码，然后再按一下密码键，就可以打印密码了。

简易型支票打印机虽然成本较低，但在使用中需要出纳人员认真地对齐打印内容，稍有不慎，就会造成打印内容失败，因此为提高工作效率，单位应尽量选购智能型支票打印机。

（二）智能型支票打印机的使用

智能型支票打印机不仅可以打印支票，还可以打印收据等相关的票据，与简易型打印机不同的是，智能型支票打印机可以打印支票的全部信息，使用起来更加简便。智能型支票打印机的特点是可以连接计算机，通过 USB 或串口与计算机相连，然后通过软件控制支票打印机打印支票。常用信息可存储，简单调用，只要用鼠标点几下，一张支票就打印好了。智能型支票打印机的使用一般分为以下几个步骤。

（1）安装智能支票打印软件。

（2）确定打印机处于正常工作状态，打印机已连接好计算机，并将支票放入打印机中。

（3）进入事先安装的支票打印机软件，启动支票打印系统，选择支票。

（4）在出现的界面中输入收款人、金额、用途、密码等信息，点击打印即可。

项目五　保险柜的使用

学习目标

1. 了解保险柜的管理和日常维护
2. 能正确使用保险柜

一、保险柜的管理

保险柜（见图 2-11）一般由财务处（科）长授权，由出纳人员负责管理使用。

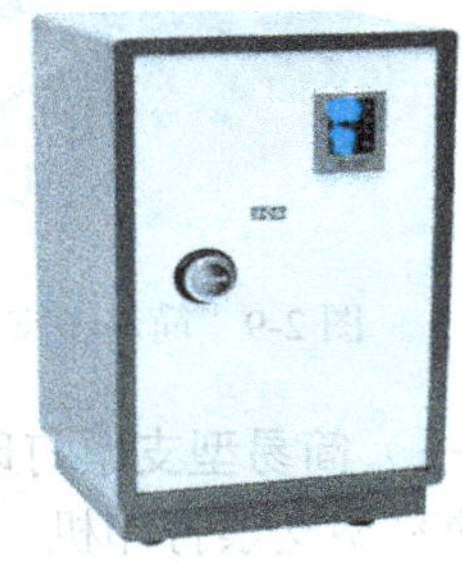

图 2-11　保险柜

二、配备保险柜钥匙

（1）保险柜要配备两把钥匙，一把由出纳人员保管，供出纳人员日常工作开启使用；另一把交由保卫部门封存，或者由企业财务处（科）长负责保管，以备特殊情况下经有关领导批准后开启使用。

（2）出纳人员不能将保险柜钥匙交由他人代管。

三、开启保险柜

（1）保险柜只能由出纳人员开启使用，非出纳人员不得开启保险柜。

（2）如果企业财务处（科）长需要对出纳人员的工作进行检查，如检查库存现金限额，核对实际库存现金数额等特殊情况需要开启保险柜时，应按规定的程序由财务处（科长）开启，在一般情况下，不得任意开启由出纳人员掌管的保险柜。

四、保管保险柜财物

（1）每日终了，出纳人员应将其使用的空白支票、收据、印章等放入保险柜内。

（2）保险柜内存放的现金应设置和登记现金日记账，其他有价证券、存折、票据等应按种类造册登记，贵重物品应按种类设置备查簿登记其质量、重量、金额等，所有财务应与账簿记录相符。

（3）保险柜内不得存放私人财物。

五、使用保险柜密码

（1）出纳人员应将自己保管使用的保险柜密码严格保密，不得向他人泄露。

（2）出纳人员调动岗位，新任出纳人员应更换密码。

六、维护保险柜

（1）保险柜应放置在隐蔽、干燥之处，注意通风、防湿、防潮、防虫和防鼠。

（2）保险柜外要经常擦抹干净，保险柜内财物应保持整洁、存放整齐。

（3）一旦保险柜发生故障，应到公安机关指定的维修点进行修理，以防止泄密或失盗。

七、保险柜被盗的处理

（1）出纳人员发现保险柜被盗后应保护好现场，迅速报告公安机关或保卫部门，待公安机关勘查现场时才能清理财物被盗情况。

（2）节假日满 2 天以上或出纳人员离开 2 天以上没有派人代其工作的，应在保险柜锁孔处贴上封条，由出纳人员到位工作时揭封，如发现封条被撕或锁孔处被弄坏，应迅速向公安机关或保卫部门报告。

模块二 出纳报告单编制业务

1. 掌握结账的方法
2. 掌握出纳报告单的编制方法
3. 能正确编制出纳报告单

永丰有限责任公司 2015 年 9 月 30 日，由出纳人员曾丽根据本企业的财务制度，于每月末定期编制出纳报告单。

1. 期末结账

出纳人员月末将库存现金日记账（见表 2-1）、银行存款日记账（见表 2-2）和其他货币资金明细账——银行汇票（见表 2-3）的借方发生额、贷方发生额和期末余额进行复核加计。

2. 编制出纳报告单

月末，出纳人员根据库存现金日记账、银行存款日记账和其他货币资金明细账的资料，编制出纳报告单（见表 2-4），并加盖相关人员的印章。

（1）填制时间：出纳报告单的报告期应根据财务管理的需要选择 1 天、10 天、30 天等。

（2）上期结存：根据报告期的前一期的期末结存数填列。

（3）本期收入：按照对应账簿的本期合计借方数填列。

（4）合计：根据“上期结存”和“本期收入”的合计数填列。

（5）本期支出：按照对应账簿的本期合计贷方数据填列。

（6）本期结存：根据“合计”栏数减去“本期支出”栏数数据填列，本期结存数应与账面实际结存数一致。

表 2-1 库存现金日记账

15年		凭证		摘要	对方科目	借方									贷方									余额								
月	日	字	号			百	十	万	千	百	十	元	角	分	百	十	万	千	百	十	元	角	分	百	十	万	千	百	十	元	角	分
9	1			期初余额																							8	0	0	0	0	0
9	1	记	1	销售收款					5	8	5	0	0	0												1	3	8	5	0	0	0
9	1	记	2	收回差旅费余款						6	5	0	0	0												1	4	5	0	0	0	0
9	2	记	3	发放津贴													1	4	0	0	0	0	0					5	0	0	0	0
9	2	记	4	提取备用金					8	0	0	0	0	0													8	5	0	0	0	0
9	2	记	5	预借差旅费														1	0	0	0	0	0				7	5	0	0	0	0
9	12	记	6	报销差旅费															2	3	0	0	0				7	2	7	0	0	0
9	13	记	8	送存现金														5	5	9	0	0	0				1	6	8	0	0	0
9	18	记	9	提取现金					4	5	0	0	0	0													6	1	8	0	0	0
9	20	记	10	现金盘亏																6	0	0	0				6	1	2	0	0	0
9	20	记	11	收到赔偿款							6	0	0	0													6	1	8	0	0	0
9	30			本月合计				1	9	0	6	0	0	0			2	0	8	8	0	0	0				6	1	8	0	0	0

表 2-2 银行存款日记账

开户行名称：农行北京阜成支行　　账号：30020067124088

15年		凭证		摘要	对方科目	借方									贷方									余额								
月	日	字	号			百	十	万	千	百	十	元	角	分	百	十	万	千	百	十	元	角	分	百	十	万	千	百	十	元	角	分
9	1			期初余额																					8	8	0	0	0	0	0	0
9	3	记	1	收回货款				5	8	5	0	0	0	0											9	3	8	5	0	0	0	0
9	8	记	4	提现														6	0	0	0	0	0		9	3	2	5	0	0	0	0
9	10	记	12	代发工资													4	8	9	0	0	0	0		8	8	3	6	0	0	0	0
9	15	记	14	购买商品														6	8	0	0	0	0		8	7	6	8	0	0	0	0
9	20	记	15	销售商品														5	8	5	0	0	0		8	7	0	9	5	0	0	0
9	25	记	16	偿还借款													1	0	0	0	0	0	0		8	6	0	9	5	0	0	0
9	29	记	17	支付电费														1	0	8	0	0	0		8	5	9	8	7	0	0	0
9	30			本月合计				5	8	5	0	0	0	0			7	8	6	3	0	0	0		8	5	9	8	7	0	0	0

表 2-3　其他货币资金明细账——银行汇票

15年		凭证		摘要	对方科目	借方									贷方									余额								
月	日	字	号			百	十	万	千	百	十	元	角	分	百	十	万	千	百	十	元	角	分	百	十	万	千	百	十	元	角	分
9	1			期初余额																					1	8	0	0	0	0	0	0
9	10	记	18	签发银行汇票			1	2	0	0	0	0	0	0											3	0	0	0	0	0	0	0
9	8	记	20	退回多余款项														3	0	0	0	0	0		2	9	7	0	0	0	0	0
9	10	记	22	支付货款												1	1	7	0	0	0	0	0		1	8	0	0	0	0	0	0
9	30			本月合计			1	2	0	0	0	0	0	0		1	2	0	0	0	0	0	0		1	8	0	0	0	0	0	0

表 2-4　出纳报告单

2015 年 9 月 1 日—2015 年 9 月 30 日

单位名称：永丰有限责任公司　　　　编号：0808

项　目	上期结存	本期收入	合　计	本期支出	本期结存
库存现金	8 000.00	19 060.00	27 060.00	20 880.00	6 180.00
银行存款	880 000.00	58 500.00	938 500.00	78 630.00	859 870.00
其中：基本账户	880 000.00	58 500.00	938 500.00	78 630.00	859 870.00
一般账户					
专用账户					
其他货币资金	180 000.00	120 000.00	300 000.00	120 000.00	180 000.00
其中：外埠存款					
银行汇票存款	180 000.00	120 000.00	300 000.00	120 000.00	180 000.00

主管：张云　　记账：曾丽　　出纳：曾丽　　复核：蒋晓霞　　制单：李明

上岗一试

永丰有限责任公司 2015 年 10 月 30 日，库存现金、银行存款基本账户的数据明细资料如表 2-5 所示。要求：编制出纳报告单（见表 2-6）。

表 2-5　永丰有限公司库存现金、银行存款基本账户的数据明细资料

单位：元

项　目	上月结存	本期收入	本期支出	本期结存
库存现金	60 000.00	8 500.00	7 500.00	7 000.00
银行存款	120 000.00	250 000.00	130 000.00	240 000.00
其中：基本账户	120 000.00	250 000.00	130 000.00	240 000.00

表 2-6　出纳报告单

年　月　日 — 年　月　日

单位名称：　　　　　　　　　　　　　　　　　　编号：

项　目	上期结存	本期结存	合　计	本期支出	本期结存
库存现金					
银行存款 其中：基本账户 一般账其他 专用账户					
其他货币资金 其中：外埠存款 银行汇票存款					

主管：　　记账：　　出纳：　　复核：　　制单：

模块三　出纳会计资料的归档

项目一　整理和保管会计资料业务

学习目标

1. 掌握会计资料的整理方法
2. 掌握会计资料的保管方法
3. 能正确处理会计资料
4. 能合理保管会计资料

工作任务

2015 年 6 月 30 日，永丰有限责任公司出纳人员曾丽将本月的会计资料进行整理，并妥善地予以保管。

业务办理流程

1. 出纳凭证的整理

对于纸张面积大于记账凭证的原始凭证，可按记账凭证的面积尺寸，先自右向后，再自下向后两次折叠。注意应把凭证的左上角或左侧面让出来，以便装订后，还可以展开查阅。

对于纸张面积过小的原始凭证，一般不能直接装订，可先按一定顺序和类别排列，再粘在一张同记账凭证大小相同的白纸上，粘贴时宜用胶水。小票应分张排列，同类、同金额的单据尽量粘在一起，同时在一旁注明张数和合计金额。

对于纸张面积略小于记账凭证的原始凭证，可先用回形针或大头针别在记账凭证后面，待装订时再抽去回形针或大头针。

记账凭证按照凭证编号顺序叠放，若记账凭证是按现收、现付、银收、银付、转账类别编号的，应按照现金凭证、银行存款凭证、转账凭证的顺序依次叠放。记账凭证放在上面，所附原始凭证放在各自记账凭证后面。原始凭证的顺序应与记账凭证所记载的内容顺序一致，不应按原始凭证面积大小来排序。

2. 出纳凭证的装订

经整理后的出纳凭证，需要按照一定程序和方法进行装订。

（1）将科目汇总表放在最前面，并放上凭证封面（见表2-7）和封底（见表2-8）。

表2-7　凭证封面

时　间	2015年6月
册　数	本年共 8 册　　本册是第 6 册
张　数	本册自第 1 号至第 100 号　　共 100 页
附　记	

（2015年6月30日装订）　　会计主管 张云　　装订者 曾丽

表2-8　凭证封底

抽出日期	抽出附件详细名称	抽出理由	抽取人盖章	会计主管盖章	归还日期	备　注

（2）在叠放整齐的记账凭证左角放一张8厘米×8厘米的包角纸，包角纸的左边和上边分别与记账凭证的左边和上边取齐。

（3）在包装角的左上角画一边长为5厘米的等腰三角形，用夹子夹住，用装订机在底线上分布均匀地打两个眼儿。

（4）线绳穿过两个眼儿，分别按照自上而下、自左向右的方向扎紧，并在凭证背面打结。

（5）从正面折叠包角纸，将包角纸向后折叠，将侧面和背面的线绳扣粘死，并将多余的部分剪掉。

3. 出纳账簿的整理

对出纳账簿的整理，应注意以下问题：对编号、扉页内容、目录等项目填写不全的，应根据有关要求填写齐全；使用活页式或卡片辅助账的单位，对于活页式或卡片式账，在归档时应加以装订、编齐页码，并像账本一样加上扉页，注明单位名称、共计页数和记账人员签章等，并加盖公章。

4. 其他出纳资料的整理

账簿凭证以外的其他出纳资料的归档，主要包括：各类报表及文件，如各类经费的开支计划表、决算表、出纳报告、银行对账单、资金分析报告、作为收付款依据的各类经济合同文件、其他财务管理的重要依据，如支票申请单与支票领用登记簿等，应分类整理并妥善保管，年终集体归入会计档案。

5. 会计资料的保管

各单位每年形成的会计档案，应当由会计机构按照归档要求，负责整理立卷，装订成册，编制会计档案保管清册。当年形成的会计档案，在会计年度终了后，可暂由本单位财会部门保管 1 年，期满后，原则上应由财务会计部门编造清册移交本单位的档案管理部门保管。未设立档案机构的，应当在会计机构内部指定专人保管，但出纳人员不得兼管会计档案。移交本单位档案管理部门保管的会计档案，原则上应当保持原卷册的封装。个别需要拆封重新整理的，档案机构应当会同财务部门和经办人员共同拆封整理，以分清责任。

出纳会计资料的保管期满，经单位负责人、上级主管部门同意后，应由档案管理部门和财务会计部门等有关部门共同派人监督销毁。其中，对于未了的债权、债务的原始凭证，应单独抽出，另行立卷，并在会计档案销毁清册和会计档案保管清册中列明，由档案管理部门保管到结清债权、债务时为止，对于正在项目建设期的建设单位，保管期满的会计档案不得销毁。

小知识　会计档案的保管期限

会计档案的保管期限是指从会计年度终了后的第一天算起。各类会计档案的保管期限根据其特点分为永久、定期两类，如表 2-9 所示。

表 2-9　各类会计档案的保管期限

序　　号	档案名称	保管期限	备　　注
	会计凭证类		
1	原始凭证	30 年	
2	记账凭证	30 年	
3	汇总凭证	15 年	
	会计账簿类		
4	总账	30 年	
5	明细账	30 年	
6	日记账	30 年	
7	固定资产卡片		固定资产报废清理后保管 5 年
8	其他辅助账簿	30 年	
	财务报告类		包括各级主管部门汇总财务报表
9	月、季度、半年度财务报告	10 年	包括文字分析
10	年度财务报告（决算）	永久	包括文字分析
	其他会计资料		
11	会计移交清册	30 年	
12	会计档案保管清册	永久	
13	会计档案销毁清册	永久	
14	银行存款余额调节表	10 年	
15	银行对账单	5 年	

上岗一试

2015 年 9 月 30 日，永丰有限责任公司整理本月的出纳会计凭证，假设本年共 12 册，本册为第 9 册，张数为 1—200 号。要求按照业务操作规范，填写凭证封面并装订会计凭证（见表 2-10）。

表 2-10 凭证封面

时　间	年　　月
册　数	本年共　　册　　　　本册是第　　册
张　数	本册自第　　号至第　　号　　共　　页
附　记	

（　年　月　日装订）　　　　会计主管　　　　装订者

项目二　移交会计资料业务

学习目标

1. 掌握会计资料移交基本程序
2. 掌握会计资料移交清册的填制方法
3. 能正确填制移交清册

工作任务

2015 年 6 月 30 日，永丰有限责任公司根据公司内部会计控制制度的相关规定，要求出纳和会计人员定期轮岗，当日出纳人员曾丽与会计人员蒋晓霞办理交接，会计主管张云监交。

小知识　出纳工作交接

出纳工作交接是指出纳人员因工作调动或离职等原因，由原任出纳人员将有关工作和资料移交给新任出纳人员的工作过程。一般下列情况需要办理出纳工作交接：

（1）出纳人员离职或离开单位。

（2）企业内部工作变动不再担任出纳职务。

（3）出纳岗位内部增加工作人员重新进行分工。

（4）因病假、事假或临时调用，不能继续从事出纳工作。

（5）因特殊情况按规定不宜继续从事出纳工作。

（6）企业因发生合并、解散等情况按规定应办理出纳交接工作。

业务办理流程

1. 移交前的准备工作

为了使出纳工作移交清楚，防止遗漏，保证出纳交接工作顺利进行，出纳人员在办理交接手续前，必须做好准备工作。

（1）登记出纳账簿。已经受理的经济业务尚未登记完毕的现金、银行存款日记账要登记完毕，并在最后一笔余额后加盖印章。

（2）结账和对账。出纳现金、银行存款日记账与总账核对相符，现金账面余额与实际存款现金核对一致，银行存款账面余额与银行对账单核对无误。如有不符，要找出原因，弄清问题，加以解决，务求在移交前做到相符。

（3）整理移交资料。整理应移交的各类资料，对未了事项要做出书面说明。移交人对该收回的款项要尽快催收，该支付的款项要及时支出；清理与核对各种借款，清查与整理各类现金、票据、有价证券、收据及借据，归档文件资料等。对于该收回未收回的，该支出未支出的款项，或者其他未了事项应做出书面说明。

（4）填写出纳账簿启用表。在现金、银行存款等出纳账簿启用表上填上移交日期，并签名盖章。

（5）编制移交清册。根据清理情况，编制移交清册，并注明移交的账簿、凭证、现金、支票簿、文件资料、印鉴和其他物品的具体名称和数量。移交清册一式三份，存档一份，交接双方各一份。移交清册由移交表和出纳人员工作交接书两部分组成。

1）库存现金移交表。

永丰有限责任公司 2015 年 6 月 30 日，出纳人员曾丽与会计人员蒋晓霞办理交接，会计主管张云进行监督。盘点库存现金中 6 张 100 元，5 张 50 元，3 张 20 元，5 张 5 元，2 张 2 元，6 枚 1 元，2 枚 5 角，4 枚 2 角，8 枚 1 角。出纳人员曾丽根据库存现金实有数，按币种（分人民币和各种外币）、币别分别填入库存现金移交表（见表 2-11），交会计人员蒋晓霞审核，会计主管张云进行监督。

2）银行存款移交表。

交接中发现，公司在中国农业银行北京市阜成支行开立基本账户，账号为 30020067124088，是活期存款。银行存款日记账余额为 500 000 元，银行对账单金额是 500 000 元，两者一致。出纳人员曾丽根据账面数、实有数、币种、期限、开户银行等分别填入银行存款移交表（见表 2-12），交会计人员蒋晓霞审核，会计主管张云进行监督。

3）有价证券、贵重物品移交表。

交接中发现，永丰有限责任公司有 2014 年 8 月 17 日购买的面值为 1 元的 A 股票 60 000 张和 2013 年 7 月 18 日购买的面值为 100 元的 B 债券 5 000 张，到期日为 2015 年 7 月 18

日。出纳人员曾丽根据有价证券、贵重物品的购入日期、数量、面值和到期日期分别填入有价证券、贵重物品移交表（见表 2-13），交会计人员蒋晓霞审核，会计主管张云进行监督。

表 2-11　库存现金移交表

币别：人民币　　移交日期：2015 年 6 月 30 日　　单位：元　　第 1 页

币　　别	数量（张）	移交金额	接交金额	备　　注
100 元	6	600	600	
50 元	5	250	250	
20 元	3	60	60	
10 元	0	0	0	
5 元	5	25	25	
2 元	2	4	4	
1 元	6	6	6	
5 角	2	1	1	
2 角	4	0.8	0.8	
1 角	8	0.8	0.8	
合　计		¥947.60	¥947.60	

单位领导人：杨军　　移交人：曾丽　　监交人：张云　　接管人：蒋晓霞

表 2-12　银行存款移交表

移交日期：2015 年 6 月 30 日　　单位：元　　第 1 页

开户银行	账号	币种	期限	账面数	实有数
农行北京阜成支行	30020067124088	人民币	活期	500 000	500 000
合计				¥500 000.00	¥500 000.00

附件及说明：

（1）账面数为银行存款日记账金额，实有数为银行对账单金额

（2）银行存款余额调节表（0）份

（3）银行印鉴片（1）张

单位领导人：杨军　　移交人：曾丽　　监交人：张云　　接管人：蒋晓霞

表 2-13　有价证券、贵重物品移交表

移交日期：2015 年 6 月 30 日　　单位：元　　第 1 页

名称	购入日期	单位	数量	面值	到期日	备注
A 股票	2014-08-17	张	60 000	1		
B 股票	2013-07-18	张	5 000	100	2015-07-18	

单位领导人：杨军　　移交人：曾丽　　监交人：张云　　接管人：蒋晓霞

4）核算资料移交表。核算资料主要包括出纳账簿、收据、借据、银行结算凭证、票据领用登记簿，以及其他文件资料。

永丰有限责任公司交接中，移交的 2015 年 1 月 1 日至 2015 年 6 月 30 日的现金日记账本、银行存款日记账本、收据领用登记簿、支票领用登记簿、收据、现金支票、转账支票各一本。出纳人员曾丽根据上述情况填入核算资料移交表（见表 2-14），交会计人员蒋晓霞审核，会计主管张云进行监督。

表 2-14 核算资料移交表

移交日期：2015 年 6 月 30 日　　　　第 1 页

名称	年度	数量	起止时间	备注
现金日记账本	2015	1 本	2015-01-01 至 2015-06-30	
银行存款日记账本	2015	1 本	2015-01-01 至 2015-06-30	
收据领用登记簿	2015	1 本	2015-01-01 至 2015-06-30	
支票领用登记簿	2015	1 本	2015-01-01 至 2015-06-30	
收据	2015	1 本	2015-01-01 至 2015-06-30	
现金支票	2015	1 本	2015-01-01 至 2015-06-30	
转账支票	2015	1 本	2015-01-01 至 2015-06-30	

单位领导人：杨军　　移交人：曾丽　　监交人：张云　　接管人：蒋晓霞

5）物品移交表。物品主要包括会计用品、公用会计工具等。

永丰有限责任公司交接中，有 2013 年 3 月 6 日购买的保险柜一个，型号为威斯顿 880；文件柜两个，型号为花城；2014 年 1 月 15 日购买的康艺 G600 点钞机一台；2013 年 6 月 18 日购买的惠普 1020 打印机两台；2014 年 9 月 1 日购买的蓝盾 A120 密码箱一个；2014 年 10 月 5 日购买的银行预留印鉴，公司财务专业章、法人代表私章各两枚。出纳人员曾丽根据上述情况填写物品移交表（见表 2-15），交会计人员蒋晓霞审核，会计主管张云进行监督。

表 2-15 物品移交表

移交日期：2015 年 6 月 30 日　　　　第 1 页

名　称	型　号	购入日期	单位	数量	备注
保险柜	威斯顿 880	2013-03-06	个	1	
文件柜	花城	2013-03-06	个	2	
点钞机	康艺 G600	2014-01-15	台	1	
打印机	惠普 1020	2013-06-18	台	2	
密码箱	蓝盾 A120	2014-09-01	个	1	
银行预留印鉴	公司财务专用章、法人代表私章	2014-10-05	枚	4	

单位领导人：杨军　　移交人：曾丽　　监交人：张云　　接管人：蒋晓霞

6）出纳人员工作交接书。出纳人员工作交接书是把移交表中无法列入或尚未列入的内容做具体说明的文件。该交接书包括交接日期、交接双方及监接人员的职务和姓名、移交清册页数、需要说明的问题和意见。

出纳人员工作交接书的格式如下所示。

出纳人员工作交接书

原出纳曾丽，因会计岗位定期轮岗，将出纳工作移交给蒋晓霞接管。现办理如下交接：

一、交接日期：2015 年 6 月 30 日

二、具体业务的移交

1. 库存现金：6 月 30 日账面余额 947.60 元，与实存相符，日记账余额与总账相符

2. 库存国库券：100 万元，经核对无误

3. 银行存款 500 000 元，与银行对账单金额核对相符，未编制银行存款余额调节表

三、移交的会计凭证、账簿、文件

1. 本年度现金日记账一本

2. 本年度银行存款日记账一本

3. 空白现金支票 13 张（00112213 号至 00112225 号）

4. 空白转账支票 16 张（00112210 号至 00112225 号）

5. 收据领用登记簿一本

6. 支票领用登记簿一本

7. 收据一本

8. 保险柜一个，文件柜一个，点钞机一个，打印机两个，密码箱一个

四、印鉴

1. 财务处转讫印章一枚

2. 财务处现金收讫印章一枚

3. 财务处现金付讫印章一枚

4. 法定代表人私章一枚

五、交接前后工作责任的划分：2015 年 6 月 30 日前的出纳工作事项由曾丽负责，2015 年 6 月 30 日起的出纳工作由蒋晓霞负责，以上事项交接双方均认定无误

六、本交接书一式三份，双方各持一份，存档一份

移交人：曾丽 曾丽

接管人：蒋晓霞 蒋晓霞

监交人：张云 张云

小知识　出纳交接的注意事项

（1）出纳人员进行交接时，一般应由会计主管人员监交，必要时还可请上级领导监交。

（2）监交过程中，如果移交人交接不清，或者接交人故意为难，监交人应及时处理裁决。移交人不做交代，或者交代不清的，不得离职，否则，监交人和单位领导均应负连带责任。

（3）交接时，交接双方一定要当面看清、点准、核对，不得由别人代管。

（4）交接后，接管的出纳人员应及时向开立账户的银行办理更换出纳人员印鉴手续，检查保险柜的使用是否正常、妥善，保管现金、有价证券、贵重物品、公章等备件和周围环境是否安全。如果不够妥善、安全，要立即采取改善措施。

（5）接管的出纳人员应继续使用移交的账簿，不得自行另立新账，以保持会计记录的连续性。对移交的银行存折和未用的支票，应继续使用，不得将其搁置、浪费，以免单位遭到损失。

（6）交接后，移交人应对自己经办的已经移交资料的合法性、真实性承担法律责任，不能因为资料已经移交而推脱责任。

2. 正式移交出纳工作

《会计基础工作规范》规定：会计人员办理交接手续，必须由监交人员负责监交。一般会计人员交接，由单位会计机构负责人、会计主管人员负责监交；单位会计机构负责人、会计主管人员交接，由单位领导人负责监交，必要时可由上级主管部门派人会同监交。

（1）交接出纳账簿。出纳账簿和其他会计资料必须完整无缺，不得遗漏。账簿交接时，交接人员应该对出纳日记账与总账、出纳日记账与库存现金和银行存款对账单的余额是否相符，核对无误后，接交人应在结账数下签名盖章；如有不符，应由移交人员查明原因，在移交清册中注明，并负责处理。

（2）交接银行存款和有关票据、票证，更换印鉴。交接银行存款和有关票据、票证，更换印鉴时，交接人应核对银行存款日记账和银行存款对账单是否一致，如有问题，交接双方应做如下处理：

1）交接双方到开户银行当场复核；

2）核对无误后，移交票据、票证，同时更换留在银行的私人印鉴。

（3）移交有价证券、贵重物品。有价证券要根据出纳账和备查账簿余额进行点收；其他贵重物品按照移交数字，由移交人向交接人点交，验对无误后，交接人表示接受，并在贵重物品登记簿上签章。

（4）移交保险柜密码，重要台、室钥匙。保险柜密码，重要台、室钥匙要按照规定程序移交，移交完毕后，为安全起见，接交人应该重新更换保险柜密码，重要台、室的锁具。

（5）移交公章和其他实物。接交人按移交清册接受公章及其他实物。其中，公章主要包括财务专用章、发票专用章和法人代表章等。

（6）移交完毕，签名盖章。交接完毕后，交接双方和监交人，要在移交清册上签名或盖章。

3. 交接结束

交接结束后，应遵循以下规定：接交人员应认真接管移交的工作，继续办理移交未了的事项；接交人员应继续使用移交的账簿，不得另行开立新账，以保持会计记录的连续性；移交后，移交人不能免除责任，即移交人员对移交的会计凭证、会计账簿、会计报表和其他会计资料的合法性、真实性承担法律责任。

上岗一试

李霞为永丰有限责任公司新进财务人员，经公司决定，李霞担任本公司出纳，原出纳人员曾丽担任本公司会计。因此，需要办理原出纳人员曾丽的出纳交接工作，具体出纳交接程序如下：

（1）单位主管会计工作的负责人张云监督出纳移交的全过程。出纳交接时暂不办理现金、银行存款收支业务。

（2）原出纳人员曾丽清点库存现 1 213.00 元，与昨日的现金日记账核对无误，再将保险柜钥匙及密码告诉李霞，交由李霞审验完毕后，在出纳交接书该项目上予以确认，并将现金 1 213.00 元存入保险柜。

（3）原出纳人员曾丽将昨日银行存款日记账和开户银行确认的银行存款余额确认函交给李霞审验，李霞审验无误后在交接书该项目上予以确认。银行存款余额为 2 564 761.66 元。

（4）原出纳人员曾丽将托收承付票据、收据、转账支票等各一本交给李霞，并将作废的支票向李霞解释清楚，李霞核实支票编号、收据编号及相关情况，李霞审验无误后在该项目上予以确认。

（5）原出纳人员曾丽将托收承付票据、信汇单据等交给李霞，李霞审验无误后在该项目上予以确认。

（6）原出纳人员曾丽将支票专用印鉴及法人代表印鉴等相关印鉴交给李霞，李霞审验无误后在该项目上予以确认。

（7）交接双方在出纳工作交接书上签字确认，监督人张云也在交接书上签字。至此，出纳移交工作程序完毕，交接后出纳责任将由李霞承担。

要求：编写出纳人员工作交接书。

第三章

现金结算业务

模块一　现金收付业务

项目一　办理现金收入业务

学习目标

1. 能正确开具增值税专用发票
2. 能正确开具收款收据
3. 能正确进行现金收入业务的账务处理

工作任务 1

2015 年 3 月 1 日，永丰有限责任公司出纳人员曾丽收到客户上交的当日购买本企业零星配件的现金购货款和销售部门开具的销售清单（见表 3-1），要求开具销售发票。

表 3-1　销售清单

2015 年 *3* 月 *1* 日

客户基本信息					
客户名称	永凯贸易有限责任公司				
开户行	工行长沙中山支行		账号	*180100112201019*	
地址	长沙市中山南路 *246* 号		电话	*0731-2285666*	
纳税人识别号	*3201202002235891*		付款方式	现金	
金额					
货物或应税劳务名称	规格型号	单位	单价	数量	金额
甲产品	*X*	件	*100*	*50*	*5 000*
税率	*17%*		税额		*850*
合计					*¥5 850.00*

制单人：王云　　　　　　　　　　　　审核人：李峰

业务办理流程

1. 审核收款凭据

出纳人员曾丽需要对客户基本信息、销售单价、金额等相关信息进行审核。

2. 清点现金

出纳人员曾丽需要对现金来源是否合理合法进行审核；当场清点现金是否与实际结算金额一致，并检查货币的真伪性，做到收付两清，一笔一清。

3. 开具销售发票

由于本企业属于增值税一般纳税人，出纳人员曾丽需要利用税控装置，机开一式四联的增值税专用发票（第四联见表 3-2），并交予会计蒋晓霞复核。会计复核无误后，将第二联发票联和第三联抵扣联交予购货方，销售方留存第一联存根联和第四联记账联。

表 3-2　北京市增值税专用发票

此联不作报销　扣税凭证使用　　No：00224235

开票日期：2015 年 3 月 1 日

购货单位	名称：永凯贸易有限责任公司 纳税人识别号：320120200223589l 地址电话：长沙市中山南路 246 号　0731-2285666 开户行及账户：工行长沙中山支行　180100112201019					密码区	（略）
货物或应税劳务名称	规格型号	单位	数量	单价	金额	税率	税额
甲产品	X	件	50	100	5 000.00	17%	850
价税合计（大写）	⊗万伍仟捌佰伍拾零元零角零分　（小写）¥5 850.00						
销货单位	名称：永丰有限责任公司 纳税人识别号：30023357832108 地址电话：北京阜成路 88 号　010-2058034 开户行及账户：农行北京阜成支行 30020067124088					备注	

收款人：曾丽　　复核：蒋晓霞　　开票人：曾丽　　销货单位：（章）

第四联：记账联　销货方记账凭证

> **小知识　增值税专用发票**
>
> 增值税专用发票是由国家税务总局监制设计印制的，是指按照税法规定应当缴纳增值税的企业和个人在销售货物、提供应税劳务时向购买方或接受劳务方开具的发票。增值税专用发票与普通发票不同，为一式四联：第一联存根联，由销售方留存备查；第二联发票联，是购货方付款的记账凭证；第三联抵扣联，是购货方的扣税凭证；第四联记账联，是销货方销售的记账凭证。

4. 编制记账凭证

制单人员李明根据增值税发票的第四联记账联，编制记账凭证（见表 3-3），并交予会计蒋晓霞审核。

表 3-3 记账凭证

2015 年 3 月 1 日 记字第 1 号

摘 要	总账科目	明细科目	借方金额											贷方金额											√
			亿	千	百	十	万	千	百	十	元	角	分	亿	千	百	十	万	千	百	十	元	角	分	
销售收款	库存现金							5	8	5	0	0	0												
	主营业务收入	甲产品																	5	0	0	0	0	0	
	应交税费	应交增值税（销项税）																		8	5	0	0	0	
合		计					¥	5	8	5	0	0	0					¥	5	8	5	0	0	0	

附单据 1 张

会计主管：张云　　记账：　　审核：蒋晓霞　　制单：李明

5. 登记现金日记账

出纳人员曾丽根据审核无误的记账凭证，序时登记库存现金日记账（见表 3-4），同时，在记账凭证中“记账”栏画上记账符号“√”。

表 3-4 库存现金日记账

15 年		凭证		摘 要	对方科目	借 方									贷 方									余 额								
月	日	字	号			百	十	万	千	百	十	元	角	分	百	十	万	千	百	十	元	角	分	百	十	万	千	百	十	元	角	分
3	1			期初余额																							8	0	0	0	0	0
3	1	记	1	销售收款					5	8	5	0	0	0												1	3	8	5	0	0	0

2015 年 3 月 1 日，永丰有限责任公司出纳人员曾丽收到员工李奇交回的差旅费余款 650 元，收款收据编号为 1 号。

业务办理流程

1. 清点现金

出纳人员曾丽对交回的差旅费余额进行审核，核对余款是否与预借的差旅费与实际报销金额的差额一致；当场清点现金数量，并检查货币的真伪性。

2. 填制收款收据

出纳人员曾丽根据实收现金填写一式三联的现金收款收据（见表 3-5），并在第二联回执联上加盖财务专用章后交予交款人作为收执，剩余的第一联存根联和第三联记账联留存企业，并交予会计蒋晓霞审核。

表 3-5　收款收据

2015 年 *3* 月 *1* 日　　　　No：*1*

交款人（单位）	李奇　现金收讫							
摘要	交回多余的预借差旅费							
金额（大写）	人民币陆佰伍拾元整	万	千	百	十	元	角	分
			¥	6	5	0	0	0

收款人：曾丽　　　　复核：蒋晓霞　　　　开票人：曾丽

> **小知识　收款收据**
>
> 出纳人员在收取现金时，应填写收款收据或现金收入凭证。收款收据一般为三联套写：第一联为存根；第二联为交款人收执，须加盖财务专用章；第三联作为本单位记账依据，须要加盖财务专用章、现金收讫章。

3. 记账凭证

制单人员李明根据收款收据的第三联记账联，编制记账凭证（见表 3-6），并交予会计蒋晓霞

表 3-6　记账凭证

2015 年 3 月 1 日　　　　记字第 2 号

摘要	总账科目	明细科目	借方金额											贷方金额											√
			亿	千	百	十	万	千	百	十	元	角	分	亿	千	百	十	万	千	百	十	元	角	分	
收到预借差旅费余款	库存现金								6	5	0	0	0												
	其他应收款	李奇																		6	5	0	0	0	
合　计								¥	6	5	0	0	0						¥	6	5	0	0	0	

附单据 1 张

会计主管：张云　　记账：　　审核：蒋晓霞　　制单：李明

4. 登记现金日记账

出纳人员曾丽根据审核无误的记账凭证，序时登记库存现金日记账（见表 3-7），同时，在记账凭证中“记账”栏画上“√”。

表 3-7　库存现金日记账

15 年		凭证		摘要	对方科目	借方									贷方									余额								
月	日	字	号			百	十	万	千	百	十	元	角	分	百	十	万	千	百	十	元	角	分	百	十	万	千	百	十	元	角	分
3	1			期初余额																							8	0	0	0	0	0
3	1	记	1	销售收款					5	8	5	0	0	0												1	3	8	5	0	0	0
3	1	记	2	收回差旅费余款						6	5	0	0	0												1	4	5	0	0	0	0

上岗一试

任务一：2015 年 7 月 1 日，永丰有限责任公司出纳人员曾丽收到客户上交的当日购买本企业产品的现金购货款和销售部门开具的销售清单（见表 3-8）。要求：出纳人员开具销售发票（见表 3-9）。

表 3-8　销售清单

2015 年 7 月 1 日

客户基本信息					
客户名称	万达贸易有限责任公司				
开户行	工行南宁市民主支行		账号	770100112201055	
地址	南宁建国南路 246 号		电话	0771-87954667	
纳税人识别号	3201202002232222		付款方式	现金	
金额					
货物或应税劳务名称	规格型号	单位	单价	数量	金额
甲产品	X	件	100	10	1 000
税率	17%		税额		170
合计					¥1 170.00

制单人：王云　　　　　　　　审核人：李峰

表 3-9　北京市增值税专用发票

此联不作报销　扣税凭证使用　　No：00224580

开票日期：

购货单位	名称： 纳税人识别号： 地址电话： 开户行及账户：				密码区	（略）	
货物或应税劳务名称	规格型号	单位	数量	单价	金额	税率	税额
价税合计（大写）	仟　佰　万　仟　佰　拾　元　角　分　（小写）¥						
销货单位	名称： 纳税人识别号： 地址电话： 开户行及账户：				备注		

收款人：　　复核：　　开票人：　　销货单位：（章）

第四联：记账联　销货方记账凭证

任务二：2015 年 7 月 1 日，永丰有限责任公司出纳人员曾丽收到员工许立交回的仓库残料的变价出售收入 500 元，收款收据编号为 31 号。要求：出纳人员开具收款收据（见表 3-10）。

表 3-10　收款收据

年　　月　　日　　　　No:

交款人（单位）	现金收讫							
摘要								
金额（大写）		万	千	百	十	元	角	分

收款人：　　　　复核：　　　　开票人：

项目二　办理现金支付业务

学习目标

1. 能正确复核工资汇总表等结算凭据
2. 能正确审核借款单、差旅费报销单等结算凭证
3. 能正确进行现金支付业务的账务处理

工作任务 1

2015 年 3 月 2 日，永丰有限责任公司出纳人员曾丽根据经人事部门审核的本企业职工 2 月的津贴汇总表（见表 3-11）发放现金津贴。

表 3-11　永丰有限责任公司职工 2 月津贴汇总表

2015 年 2 月 28 日　　单位：元

部门	职工类别	职工姓名	津贴			应发津贴	实发津贴	领款人签章
			岗位	学历	其他			
基本生产车间	生产工人	王学军	600	100	—	700	700	
	生产工人	邵峰	600	100	—	700	700	
	生产工人	蒋明	600	100	—	700	700	
	生产工人	孙大力	500	50	—	550	550	
	生产工人	徐凯	500	50	—	550	550	
	管理人员	许劭一	400	200	100	700	700	
	采购人员	李童	400	200	100	700	700	
行政管理人员		李晓	500	200	150	850	850	
行政管理人员		汪小丽	500	200	150	850	850	
行政管理人员		张云	500	300	200	1 000	1 000	
行政管理人员		董小莉	500	300	150	950	950	
行政管理人员		潘岳利	800	400	200	1 400	1 400	
行政管理人员		孙丰	800	400	200	1 400	1 400	
销售人员		王云	500	200	100	800	800	
销售人员		李奇	500	300	150	950	950	
销售人员		姜丰	600	400	200	1 200	1 200	
合计			8 800	3 500	1 700	14 000	14 000	—

审核人：姚学农　　复核人：潘岳利　　制表人：董小莉

业务办理流程

1. 复核“津贴汇总表”中金额

对“津贴汇总表”中岗位津贴、学历津贴和其他津贴金额进行复核计算，核对应发金额和实发金额是否准确，以确保津贴发放工作的正确无误；检查审批手续是否完善。

2. 分装工资袋

出纳人员根据复核无误的“津贴汇总表”中的应付金额清点现金，若不足应从银行提取现金，以保证津贴发放工作的顺利进行。出纳人员按照“津贴汇总表”中人员姓名，将实发津贴款放入工资袋中；将全部工资袋装好后，应进行复核检查，避免差错。

3. 发放津贴

现金发放时，如果是直接发放给收款人的，应当面点清并由收款人签收（签字或盖章），如果是他人代为收款的，由代收人签收。

对于因公出差或因事外出当天未能领取的津贴，出纳人员应收入保险柜妥善保管，或者送交保卫部门保管，以免丢失或被盗。

4. 编制记账凭证

制单人员李明根据领款人签收的“津贴汇总表”编制记账凭证（见表 3-12），并交予会计蒋晓霞审核。

表 3-12　记账凭证

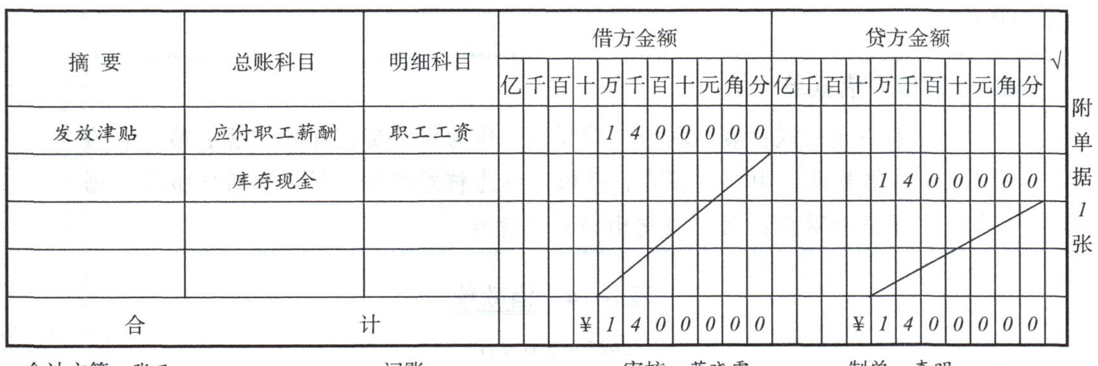

2015 年 3 月 2 日　　　　记字第 3 号

摘　要	总账科目	明细科目	借方金额											贷方金额											√
			亿	千	百	十	万	千	百	十	元	角	分	亿	千	百	十	万	千	百	十	元	角	分	
发放津贴	应付职工薪酬	职工工资					1	4	0	0	0	0	0												
	库存现金																	1	4	0	0	0	0	0	
合　　计						¥	1	4	0	0	0	0	0				¥	1	4	0	0	0	0	0	

附单据 1 张

会计主管：张云　　记账：　　审核：蒋晓霞　　制单：李明

5. 登记现金日记账

出纳人员曾丽根据审核无误的记账凭证，序时登记库存现金日记账（见表 3-13），同时，在记账凭证中“记账”栏画上记账符号“√”。

表 3-13　库存现金日记账

15 年		凭证		摘　要	对方科目	借　方									贷　方									余　额								
月	日	字	号			百	十	万	千	百	十	元	角	分	百	十	万	千	百	十	元	角	分	百	十	万	千	百	十	元	角	分
3	1			期初余额																							8	0	0	0	0	0
3	1	记	1	销售收款					5	8	5	0	0	0												1	3	8	5	0	0	0
3	1	记	2	收回差旅费余款						6	5	0	0	0												1	4	5	0	0	0	0
3	2	记	3	发放津贴													1	4	0	0	0	0	0					5	0	0	0	0

工作任务 2

2015 年 3 月 2 日，永丰有限责任公司销售部门朱立因公赴天津出差，预借差旅费 1 000 元，并将借款单交予出纳人员曾丽。

业务办理流程

1. 审核借款单

出纳人员曾丽应仔细审核经办人员填写的借款单（见表 3-14），核对借款事由是否符合现金支出范围；审核是否按照企业相关财务会计制度的规定，依次经部门主管审核、财务主管等有关领导审批。在审核无误后，在一式三联的借款单上加盖出纳人员印章和“现金付讫”印章。

小知识　借款单

借款单一式三联：第一联为付款凭证，作为财务部门记账依据；第二联为结算凭证，借款期间由出纳留存，报销时作为核对依据，报销后随同报销单据作为记账凭证的附件；第三联交由借款人保存。

表 3-14　借款单

2015 年 3 月 2 日

部门	销售部	姓名	朱立	借款用途	出差
借款金额	人民币（大写）壹仟元整　现金付讫				
实际报销金额		结余金额		审核意见	同意借款，姜丰
		超支金额			
备注：出差地天津				结账日期	年　月　日

财务主管：张云　　出纳：曾丽　　借款人签章：

2. 支付现金

出纳人员曾丽按照借款单上填列的借款金额支付现金并进行复点；同时将借款金额和借款单的第三联交予经办人朱立，要求其当面点清并在一式三联的借款单上签字。

3. 编制记账凭证

制单人员李明根据审核无误的借款单第一联编制记账凭证（见表 3-15），并交予会计蒋晓霞审核。

表 3-15 记账凭证

2015 年 3 月 2 日　　记字第 5 号

摘要	总账科目	明细科目	借方金额											贷方金额											√
			亿	千	百	十	万	千	百	十	元	角	分	亿	千	百	十	万	千	百	十	元	角	分	
预借差旅费	其他应收款	朱立						1	0	0	0	0	0												
	库存现金																		1	0	0	0	0	0	
合计							¥	1	0	0	0	0	0					¥	1	0	0	0	0	0	

附单据 1 张

会计主管：张云　　记账：　　审核：蒋晓霞　　制单：李明

4. 登记库存现金日记账

出纳人员曾丽根据审核无误的记账凭证，序时登记库存现金日记账（见表 3-16），同时在记账凭证中“记账”栏画上记账符号“√”。

表 3-16 库存现金日记账

15 年		凭证		摘要	对方科目	借方									贷方									余额								
月	日	字	号			百	十	万	千	百	十	元	角	分	百	十	万	千	百	十	元	角	分	百	十	万	千	百	十	元	角	分
3	1			期初余额																							8	0	0	0	0	0
3	1	记	1	销售收款					5	8	5	0	0	0												1	3	8	5	0	0	0
3	1	记	2	收回差旅费余款						6	5	0	0	0												1	4	5	0	0	0	0
3	2	记	3	发放津贴													1	4	0	0	0	0	0					5	0	0	0	0
3	2	记	4	提取备用金					8	0	0	0	0	0													8	5	0	0	0	0
3	2	记	5	预借差旅费														1	0	0	0	0	0				7	5	0	0	0	0

2015 年 3 月 12 日，永丰有限责任公司销售人员朱立出差归来报销差旅费，向出纳人

员曾丽递交差旅费报销单，其中北京—天津、天津—北京火车票各一张，共计 300 元，市内交通费 100 元，住宿费 500 元，邮电办公费 50 元，伙食补贴 35 元一天，共 8 天，总计 280 元，报销总额 1 230 元。

业务办理流程

1. 审核出差人员递交的差旅费报销单

出纳人员需要对出差人员递交的差旅费报销单（见表 3-17）上的金额、应补退金额、审批手续等信息进行审核，并与借款单的第二联结算凭证的相关信息进行核对，看是否一致。审核无误后，在报销单上加盖出纳人员印章。

表 3-17　差旅费报销单

2015 年 3 月 12 日

事由：出差　　　　　　　　　　　　　　　　　　　　　　　　单据张数：28 张（略）

部门：销售部　　　　　　姓名：朱立　　　　　　职务：销售员　　　　　　预借款：1 000 元

起止时间				起止地点	车船费	办公邮电费	住宿费	市内交通费	伙食补贴		合计
月	日	月	日						天数	金额	
3	4	3	4	北京—天津	150						150
3	4	3	11	天津—天津		50	500	100	8	35	930
3	11	3	11	天津—北京	150						150
合计											1 230.00
人民币（大写）壹仟贰佰叁拾元整　应退（补√）：¥230.00											

部门主管：姜丰　　　　财务主管：张云　　　　会计：　　　　出纳：曾丽　　　　领款人：

同时按照实际结算金额将借款单第二联结算凭证上的“实际报销金额”、“结余金额”和“超支金额”、“结账日期”等相关信息填列完整，作为入账的有效凭证。

2. 支付现金

在经会计审核无误的借款单（见表 3-18）上加盖“现金付讫”印章。出纳人员曾丽按照差旅费报销单上填列的补付金额，支付现金并进行复点。要求收款人朱立当面点清，并在差旅费报销单上“领款人”处签字。

表 3-18　借款单

2015 年 3 月 2 日

部门	销售部	姓名	朱立	借款用途	出差
借款金额	人民币（大写）壹仟元整				
实际报销金额	¥1 230.00	~~结余金额~~	¥230.00	审核意见	同意借款，姜丰
		超支金额	现金付讫		
备注：出差地天津				结账日期：2015 年 3 月 12 日	

第二联

财务主管：张云　　　　　　出纳：曾丽　　　　　　借款人签章：朱立

3. 编制记账凭证

制单人员李明根据审核无误的差旅费报销单及第二联借款单编制记账凭证（见表 3-19），并交予会计蒋晓霞审核。

表 3-19　记账凭证

2015 年 3 月 12 日　　　　　　　　　　记字第 6 号

摘要	总账科目	明细科目	借方金额											贷方金额											√
			亿	千	百	十	万	千	百	十	元	角	分	亿	千	百	十	万	千	百	十	元	角	分	
报销差旅费	管理费用	差旅费						1	2	3	0	0	0												
	库存现金																			2	3	0	0	0	
	其他应收款	朱立																	1	0	0	0	0	0	
合　计							¥	1	2	3	0	0	0					¥	1	2	3	0	0	0	

附单据 2 张

会计主管：张云　　记账：　　审核：蒋晓霞　　制单：李明

4. 登记库存现金日记账

出纳人员曾丽根据审核无误的记账凭证，序时登记库存现金日记账（见表 3-20），同时在记账凭证中“记账”栏画上记账符号“√”。

表 3-20　库存现金日记账

15 年		凭证		摘要	对方科目	借方									贷方									余额								
月	日	字	号			百	十	万	千	百	十	元	角	分	百	十	万	千	百	十	元	角	分	百	十	万	千	百	十	元	角	分
3	1			期初余额																							8	0	0	0	0	0
3	1	记	1	销售收款					5	8	5	0	0	0												1	3	8	5	0	0	0
3	1	记	2	收回差旅费余款						6	5	0	0	0												1	4	5	0	0	0	0
3	2	记	3	发放津贴													1	4	0	0	0	0	0					5	0	0	0	0
3	2	记	4	提取备用金					8	0	0	0	0	0													8	5	0	0	0	0
3	2	记	5	预借差旅费														1	0	0	0	0	0				7	5	0	0	0	0
3	12	记	6	报销差旅费															2	3	0	0	0				7	2	7	0	0	0

上岗一试

2015 年 7 月 2 日，销售部门李奇报销用备用金支付的邮寄费和业务招待费（见表 3-21）。要求：出纳人员完成以现金补付备用金的业务处理，登记库存现金日记账（见表 3-22）。

表 3-21　费用报销单

报销日期：2015 年 7 月 2 日　　　　附件：26 张（略）

费用项目	类别	金额	负责人（签章）	杨军
邮寄费		¥100.00		
业务招待费		¥800.00	审核意见	同意报销，姜丰
			报销人	李奇
报销金额合计		¥900.00		
核实金额（大写）：人民币玖佰元整				
借款数：		应退数：		应补数：

审核人：　　　　复核人：　　　　出纳：

表 3-22　库存现金日记账

15 年		凭证		摘 要	对方科目	借 方									贷 方									余 额								
月	日	字	号			百	十	万	千	百	十	元	角	分	百	十	万	千	百	十	元	角	分	百	十	万	千	百	十	元	角	分
7	1			期初余额																							5	0	0	0	0	0

模块二　现金存取业务

项目一　库存现金限额核定

学习目标

1. 能正确计算库存现金的限额
2. 能正确填写库存现金限额申请批准书

工作任务

2015 年 3 月 10 日，鉴于业务开展的需要，永丰有限责任公司出纳人员曾丽与开户银行协商，核定本企业的库存现金的保留天数为 4 天。企业日常现金支出范围主要包括采购零星材料的支出、零星劳务费用支出、办公费支出和其他支出，其月度的平均现金支出总额（不包括定期的大额现金支出和不定期的大额现金支出）分别为 36 000 元、9 000 元、6 000 元和 18 000 元。

业务办理流程

1. 核定库存现金的限额

出纳人员根据月度或季度的平均现金支出总额（不包括定期的大额现金支出和不定期的大额现金支出）计算每日平均现金支出总额，并在此基础上计算库存现金限额，具体计算公式如下：

库存现金限额=每日平均现金支出 × 限定的天数

每日平均现金支出=月（季）度的平均现金支出总额（不包括定期的大额现金支出和不定期的大额现金支出）÷ 月（季）平均天数

根据上述公式，企业每日现金支出计算如下：

采购零星材料的支出=36 000 ÷ 30=1 200（元）

零星劳务费用支出=9 000 ÷ 30=300（元）

办公费支出=6 000 ÷ 30=200（元）

其他支出=18 000 ÷ 30=600（元）

> **小知识　库存现金限额**
>
> 库存现金限额是为保证企业日常开支，按规定允许留存现金的最高数额。库存现金的限额由开户银行根据开户企业的实际需要和距离银行远近等情况，与企业协商核定，其限额一般按照企业 3~5 天日常零星开支所需现金确定，远离银行机构或交通不便的企业可依据实际情况适当放宽，但最高不得超过 15 天。如果是商业企业的零售门市部需要保留找零备用金，其限额可根据业务经营需要核定，但不包括在该企业库存现金限额之内。

2. 填写“库存现金限额申请批准书”

出纳人员需要根据计算的上述各项现金支出数，正确地填写一式两联的“库存现金限额申请批准书”（见表 3-23）。加盖企业印章后，经单位主管签署意见后，报送开户银行审批。

表 3-23　库存现金限额申请批准书

申请单位：永丰有限责任公司　　　　　　　　　　　　　　　　单位：元

开户银行：农行北京阜成支行　　　　　　　　　　　　　　　　账号：30020067124088

<table>
<tr><td>每日现金支付项目</td><td colspan="2">保留现金理由</td><td>申请金额</td><td>批准金额</td><td>备注</td></tr>
<tr><td colspan="6">与银行商定现金保留天数：　4 天</td></tr>
<tr><td>材料采购</td><td colspan="2">每月预计现金支付的零星采购费 36 000 元</td><td>4 800</td><td></td><td></td></tr>
<tr><td>劳务费</td><td colspan="2">每月预计现金支付的劳务费 9 000 元</td><td>1 200</td><td></td><td></td></tr>
<tr><td>办公费</td><td colspan="2">每月预计现金支付的办公费 6 000 元</td><td>800</td><td></td><td></td></tr>
<tr><td>其他</td><td colspan="2">每月预计其他现金支付 18 000 元</td><td>2 400</td><td></td><td></td></tr>
<tr><td>合计</td><td colspan="2"></td><td>¥9　200.00</td><td></td><td></td></tr>
<tr><td colspan="2">申请单位
永丰有限责任公司 财务专用章
盖章
2015 年 3 月 10 日</td><td colspan="2">银行审查意见
盖章
年　月　日</td><td colspan="2">申请主管部门意见
盖章
年　月　日</td></tr>
</table>

如申请企业没有上级主管部门，则无须在库存现金限额申请批准书中“申请主管部门意见”处签字盖章。

3. 银行审批

企业将库存现金限额申请批准书交送银行审查，开户银行经过审查、核定和综合平衡后，在申请批准书上填写批准限额数，并加盖银行业务受理印章，将申请批准书的第一联交还申请企业，第二联留存开户银行。

上岗一试

2015 年 7 月 10 日，鉴于业务开展的需要，永丰有限责任公司出纳人员曾丽与开户银行协商，核定本企业的库存现金的保留天数为 3 天。企业日常现金支出范围包括采购零星材料的支出、零星劳务费用支出和其他支出，其季度的平均现金支出总额（不包括定期的大额现金支出和不定期的大额现金支出）分别 480 000 元、360 000 元和 18 000 元。要求：出纳人员计算库存现金的限额并填写库存现金限额申请批准书（见表 3-24）。

表 3-24 库存现金限额申请批准书

申请单位： 单位：

开户银行： 账号：

<table>
<tr><td>每日现金支付项目</td><td>保留现金理由</td><td>申请金额</td><td>批准金额</td><td>备注</td></tr>
<tr><td colspan="5">与银行商定现金保留天数： 天</td></tr>
<tr><td></td><td></td><td></td><td></td><td></td></tr>
<tr><td></td><td></td><td></td><td></td><td></td></tr>
<tr><td></td><td></td><td></td><td></td><td></td></tr>
<tr><td>合计</td><td></td><td></td><td></td><td></td></tr>
</table>

申请单位 盖章 年 月 日	银行审查意见 盖章 年 月 日	申请主管部门意见 盖章 年 月 日

项目二 办理现金送存业务

学习目标

1. 能正确填写现金交款单
2. 能正确进行现金送存业务的账务处理

工作任务

2015 年 3 月 13 日，出纳人员曾丽将永丰有限责任公司一笔销货款存入银行，金额为 5 590 元，其中 100 面额的 50 张，50 面额的 10 张，20 元面额的 4 张，10 元面额的 1 张。

业务办理流程

1. 点票币

出纳人员在送存现金前，应将现金按不同的面额、币种分别清点整理。纸币平铺整齐，将同面额的纸币按每 100 张为一把进行清点扎把，不够整把的，按照从大额到小额的顺序整理。铸币将面额为 1 元、5 角和 1 角的硬币分别按每 100 枚用纸卷成一卷，不足一卷的一般不送存银行，留做找零用；对于分币可暂不送银行，作为流通用。

残缺破损的纸币和已经穿孔、裂口、破缺、压薄、变形及正面的国徽、背面的数字模糊不清的铸币，应单独挑出，另行包装，整理方法同上述纸币和铸币。

2. 填写现金交款单

出纳人员根据清点情况填写一式两联的现金交款单（见表 3-25）。

表 3-25 现金交款单

<table>
<tr><td rowspan="9">中国农业银行
现金交款单副联
交款日期 2015 年 3 月 13 日
账号：30020067124088
金额：¥5 590.00
交款人：曾丽

此联与银行回单
核对并作附件</td><td colspan="12">中国农业银行现金交款单（收入凭证）</td><td rowspan="9">此联由银行作现金收入凭证</td></tr>
<tr><td colspan="12">交款日期 2015 年 3 月 13 日　　收款编号第　号</td></tr>
<tr><td rowspan="2">交款单位</td><td>全称</td><td>永丰有限责任公司</td><td colspan="4">款项来源</td><td colspan="5">销售款</td></tr>
<tr><td>账号</td><td>30020067124088</td><td colspan="4">开户银行</td><td colspan="5">农行北京阜成支行</td></tr>
<tr><td colspan="2">人民币（大写）</td><td>千</td><td>百</td><td>十</td><td>万</td><td>千</td><td>百</td><td>十</td><td>元</td><td>角</td><td>分</td></tr>
<tr><td colspan="2">伍仟伍佰玖拾元整</td><td></td><td></td><td></td><td>¥</td><td>5</td><td>5</td><td>9</td><td>0</td><td>0</td><td>0</td></tr>
<tr><td colspan="12">科目（贷）________　收讫章：　收款员：　事后监督：</td></tr>
<tr><td colspan="12">对方科目（销）101 现金</td></tr>
</table>

小知识　现金交款单

现金交款单为一式三联或一式两联。以三联单为例，第一联为回单，此联由银行盖章后退回存款单位；第二联为收入凭证，此联由收款人开户银行作现金收入凭证；第三联为副联，是银行出纳留底联。以两联单为例，第一联为收入凭证，此联由银行作现金收入凭证；第二联为副联，此联与银行回单核对并作附件，交予存款单位。

3. 送存交款

出纳人员曾丽按规定整理现金并填写现金交款单后，将现金连同现金交款单一起送存银行。经银行柜台业务人员当面清点无误后，将现金交款单副联和银行打印的现金交款回单退还给企业出纳人员。

出纳人员曾丽接到现金交款单副联和现金缴款回单（见表 3-26 与表 3-27）后应当即进行检查，待确定为本企业交款回单，且银行有关手续已经办妥后方可离开银行柜台。

表 3-26 现金交款单副联

中国农业银行
现金交款单副联
缴款日期：2015 年 3 月 13 日
账　　号：30020067124088
金　　额：¥5 590.00
交 款 人：曾丽
此联与银行回单
核对并作附件

表 3-27 现金缴款回单

2015 年 3 月 13 日　　　　No: 4623558

单位名称	永丰有限责任公司						
银行账号	30020067124088			款项来源	销售款		
开户银行	农行北京阜成支行			交款人	曾丽		
人民币（大写）	人民币伍仟伍佰玖拾元整			¥5 590.00			
票面（元）	张数	票面（元）	张数	票面（元）	张数	票面（元）	张数
100	50	10	1		中国农业银行 北京阜成支行 2011.03.13 现金清讫		
50	10						
20	4						

授权：　　　　收款：

若企业因交款数额较大，银行当面点清确有困难的，可事先与银行协商，双方规定有关条件并签订协议书，采取“封包交款”的办法交款。

小知识　封包交款

封包交款是指交款企业把要交存银行的现金，按照有关要求进行整理，并按照银行的规定捆包好，在捆包上加贴封签，写明金额，加盖公章，连同填写好的“现金交款单”一并交送银行。

4. 编制记账凭证

制单人员李明根据现金交款单副联和加盖银行印鉴的现金缴款回单编制记账凭证（见表 3-28），并交予会计蒋晓霞审核。

表 3-28 记账凭证

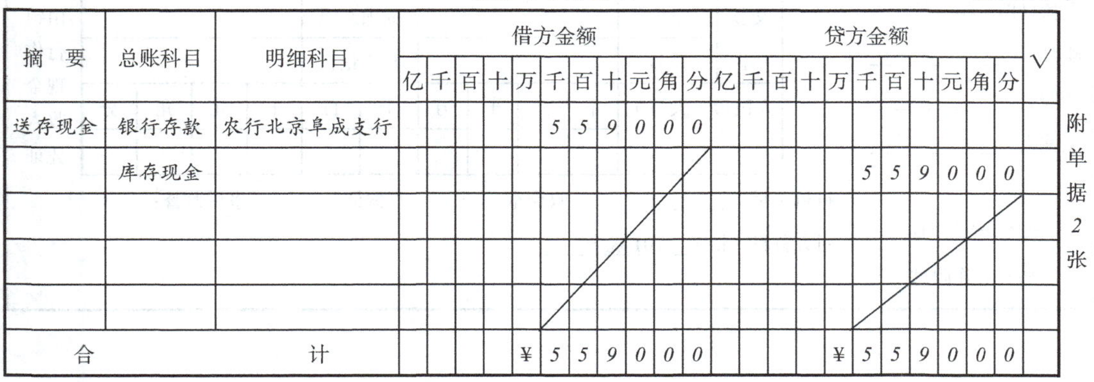

2015 年 3 月 13 日　　　　记字第 8 号

摘要	总账科目	明细科目	借方金额											贷方金额											√
			亿	千	百	十	万	千	百	十	元	角	分	亿	千	百	十	万	千	百	十	元	角	分	
送存现金	银行存款	农行北京阜成支行						5	5	9	0	0	0												
	库存现金																		5	5	9	0	0	0	
合		计					¥	5	5	9	0	0	0					¥	5	5	9	0	0	0	

附单据 2 张

会计主管：张云　　记账：　　审核：蒋晓霞　　制单：李明

5. 登记库存现金日记账

出纳人员曾丽根据审核无误的记账凭证，序时登记库存现金日记账（见表 3-29），同时在记账凭证中“记账”栏画上记账符号“√”。

表 3-29　库存现金日记账

15 年		凭证		摘 要	对方科目	借 方									贷 方									余 额								
月	日	字	号			百	十	万	千	百	十	元	角	分	百	十	万	千	百	十	元	角	分	百	十	万	千	百	十	元	角	分
3	1			期初余额																							8	0	0	0	0	0
3	1	记	1	销售收款					5	8	5	0	0	0												1	3	8	5	0	0	0
3	1	记	2	收回差旅费余款						6	5	0	0	0												1	4	5	0	0	0	0
3	2	记	3	发放津贴													1	4	0	0	0	0	0					5	0	0	0	0
3	2	记	4	提取备用金					8	0	0	0	0	0													8	5	0	0	0	0
3	2	记	5	预借差旅费														1	0	0	0	0	0				7	5	0	0	0	0
3	12	记	6	报销差旅费															2	3	0	0	0				7	2	7	0	0	0
3	13	记	8	送存现金														5	5	9	0	0	0				1	6	8	0	0	0

上岗一试

2015 年 7 月 15 日，永丰有限责任公司出纳人员曾丽下午盘点现金，将超过银行核定的库存现金限额的余额送存银行，金额为 3 590 元，其中 100 元面额的 30 张，50 元面额的 10 张，20 元面额的 4 张，10 元面额的 1 张。要求：出纳人员填写现金交款单（见表 3-30）。

表 3-30　现金交款单

<table>
<tr><td rowspan="6">中国农业银行
现金交款单副联
交款日期　年　月　日
账号：________
金额：________
交款人：________

此联与银行回单
核对并作附件</td><td colspan="12">中国农业银行现金交款单（收入凭证）
交款日期　　年　　月　　日　　　　收款编号第　　号</td><td rowspan="6">此联由银行作现金收入凭证</td></tr>
<tr><td rowspan="2">交款单位</td><td>全称</td><td colspan="4"></td><td colspan="2">款项来源</td><td colspan="4"></td></tr>
<tr><td>账号</td><td colspan="4"></td><td colspan="2">开户银行</td><td colspan="4"></td></tr>
<tr><td colspan="2" rowspan="2">人民币（大写）</td><td>千</td><td>百</td><td>十</td><td>万</td><td>千</td><td>百</td><td>十</td><td>元</td><td>角</td><td>分</td></tr>
<tr><td></td><td></td><td></td><td></td><td></td><td></td><td></td><td></td><td></td><td></td></tr>
<tr><td colspan="12">科目（贷）________　　收讫章：　　收款员：　　事后监督：
对方科目（销）　101 现金</td></tr>
</table>

项目三 办理现金提取业务

学习目标

1. 能正确签发现金支票
2. 能正确进行现金提取业务的账务处理

工作任务

2015 年 3 月 18 日，永丰有限责任公司因零星支付需要，出纳人员曾丽从开户银行提取 2 500 元现金。

业务办理流程

1. 填写现金支票

企业零星支付（如支付差旅费、招待费、电话费和工资等）需要支付现金时，可从银行基本存款账户提取现金。提取现金时，须填写现金支票。

现金支票由支票正联正面和背面及支票存根联（见表 3-31、表 3-32 和表 3-33）组成，各个部分信息的填写方法和要求各不相同。

表 3-31 支票正联的正面

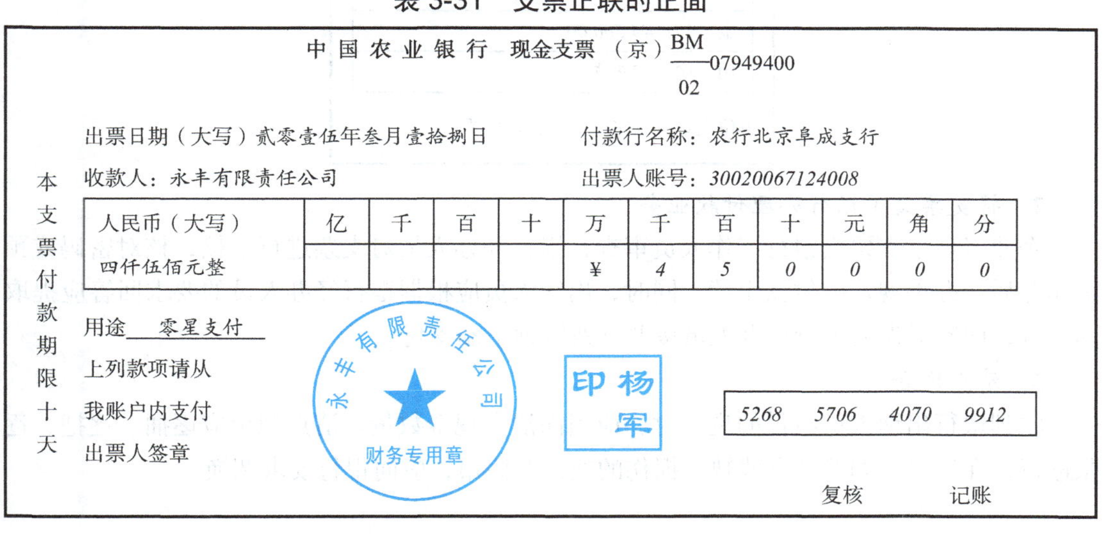

中国农业银行 现金支票（京）BM/02 07949400

本支票付款期限十天

出票日期（大写）贰零壹伍年叁月壹拾捌日　　付款行名称：农行北京阜成支行

收款人：永丰有限责任公司　　出票人账号：30020067124008

人民币（大写）	亿	千	百	十	万	千	百	十	元	角	分
四仟伍佰元整					¥	4	5	0	0	0	0

用途 零星支付

上列款项请从

我账户内支付

出票人签章

5268 5706 4070 9912

复核　　记账

表 3-32　支票正联的背面

<table>
<tr><td rowspan="3">附加信息：</td><td>永丰有限责任公司 财务专用章　印 杨军
收款人签章
2015 年 3 月 18 日</td></tr>
<tr><td>身份证件名称：　　　　发证机关：</td></tr>
<tr><td>号码</td></tr>
</table>

表 3-33　支票存根联

<table>
<tr><td>中国农业银行
现金支票存根（京）
BM/02　07949400
附加信息：

出票日期 2015 年 3 月 18 日</td></tr>
<tr><td>收款人：永丰有限责任公司</td></tr>
<tr><td>金　额：¥4 500.00</td></tr>
<tr><td>用　途：零星支付</td></tr>
<tr><td>单位主管：杨军　会计：蒋晓霞</td></tr>
</table>

2. 将支票交予银行办理付款业务

企业将现金支票交银行工作人员审查，银行经办人员对支票进行审核，核对密码或预留印鉴后，办理规定的付款手续。同时，出纳人员应根据银行经办人员的要求回答应提取的数额，回答无误后银行经办人员按照支票所列金额支付。

3. 清点现金

收到银行出纳人员给付的现金时，应当面清点现金数量。清点现金应逐捆、逐把、逐张进行，在清点时如发现有残缺、损伤的票币及假币，应向银行要求调换。

4. 编制记账凭证

制单人员李明根据现金支票的存根联编制记账凭证（见表 3-34），并交予会计蒋晓霞审核。

表 3-34 记账凭证

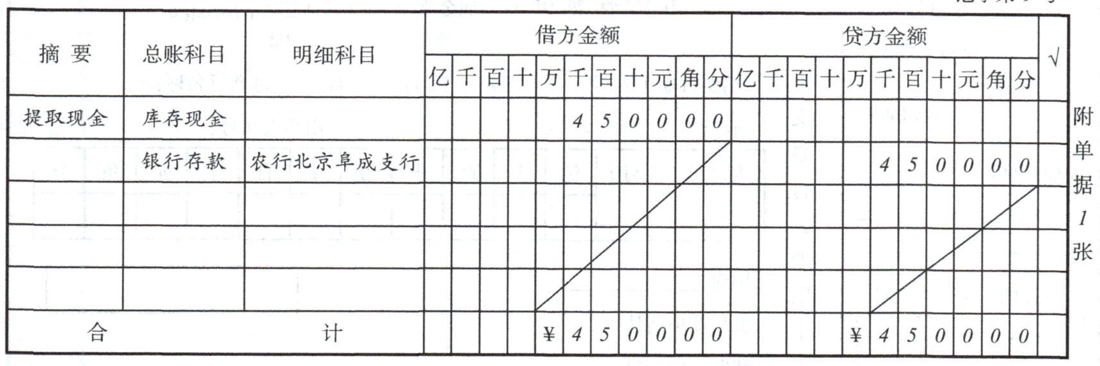

2015 年 3 月 18 日　　　　记字第 9 号

摘要	总账科目	明细科目	借方金额											贷方金额											√
			亿	千	百	十	万	千	百	十	元	角	分	亿	千	百	十	万	千	百	十	元	角	分	
提取现金	库存现金							4	5	0	0	0	0												
	银行存款	农行北京阜成支行																	4	5	0	0	0	0	
合计							¥	4	5	0	0	0	0					¥	4	5	0	0	0	0	

附单据 1 张

会计主管：张云　　记账：　　审核：蒋晓霞　　制单：李明

5. 登记库存现金日记账

出纳人员曾丽根据审核无误的记账凭证，序时登记库存现金日记账（见表 3-35），同时在记账凭证中“记账”栏画上记账符号“√”。

表 3-35 库存现金日记账

15年		凭证		摘要	对方科目	借方									贷方									余额								
月	日	字	号			百	十	万	千	百	十	元	角	分	百	十	万	千	百	十	元	角	分	百	十	万	千	百	十	元	角	分
3	1			期初余额																							8	0	0	0	0	0
3	1	记	1	销售收款					5	8	5	0	0	0												1	3	8	5	0	0	0
3	1	记	2	收回差旅费余款						6	5	0	0	0												1	4	5	0	0	0	0
3	2	记	3	发放津贴													1	4	0	0	0	0	0					5	0	0	0	0
3	2	记	4	提取备用金					8	0	0	0	0	0													8	5	0	0	0	0
3	2	记	5	预借差旅费														1	0	0	0	0	0				7	5	0	0	0	0
3	12	记	6	报销差旅费															2	3	0	0	0				7	2	7	0	0	0
3	13	记	8	送存现金														5	5	9	0	0	0				1	6	8	0	0	0
3	18	记	9	提取现金					4	5	0	0	0	0													6	1	8	0	0	0

上岗一试

2015 年 7 月 18 日，永丰有限责任公司出纳人员曾丽从开户银行提取 23 000 元现金，用于发放职工的高温补贴费。要求：出纳人员签发现金支票（见表 3-36）。

表 3-36　现金支票

<table>
<tr>
<td>中国农业银行
现金支票存根（京）
BM/02 07949469
附加信息：

出票日期　年　月　日
收款人：
金　额：
用　途：
单位主管　　会计</td>
<td>中 国 农 业 银 行　现金支票　（京）BM/02 07949469
本支票付款期限十天
出票日期（大写）　年　月　日　付款行名称：
收款人：　出票人账号：
<table>
<tr><td>人民币（大写）</td><td>亿</td><td>千</td><td>百</td><td>十</td><td>万</td><td>千</td><td>百</td><td>十</td><td>元</td><td>角</td><td>分</td></tr>
<tr><td></td><td></td><td></td><td></td><td></td><td></td><td></td><td></td><td></td><td></td><td></td><td></td></tr>
</table>
用途
上列款项请从
我账户内支付
出票人签章
复核　　记账</td>
</tr>
</table>

项目四　盘点库存现金

学习目标

1. 掌握盘点差异处理的方法
2. 能正确填写现金盘点报告单

工作任务

2015 年 3 月 20 日 15:00 时，永丰有限责任公司财务部会计蒋晓霞进行现金盘点，出纳曾丽和会计主管张云均在场，盘点库存现金中 3 张 100 元，10 张 50 元，24 张 20 元，46 张 10 元，25 张 5 元，98 张 1 元，17 张 5 角和 17 张 1 角，当日库存现金的账面价值为 2 033.20 元。

业务办理流程

1. 清点现金

企业盘点人员应将出纳保险柜中现金按不同的面额、币种分别清点整理。纸币要平铺整齐，将同面额的纸币按每 100 张为一把进行清点扎把，不够整把的，按照从大额到小额的顺序整理。将面额为 1 元、5 角和 1 角的硬币分别按每 50 枚用纸卷成一卷，不足一卷的按照从大到小的顺序整理。

2. 填写现金盘点报告单

企业盘点人员应按照实际清点的现金数量和币种填制现金盘点报告单（见表 3-37）。填写完毕后，需要经出纳人员（保管人员）、盘点人员（一般为会计人员）和财务主管对盘点结果予以确认，确认无误后并签字。同时将盘点差异的处理意见，依次经财务主管、分管财务经理和总经理审批。

表 3-37 现金盘点报告单

2015 年 3 月 20 日

面值	数量	金额		总经理
100 元	3	300.00	主管批准	按制度相关规定处理，追究出纳人员的责任。
50 元	10	500.00		杨军
20 元	24	480.00		
10 元	46	460.00		
5 元	25	125.00		主管经理
1 元	98	98.00		按制度相关规定处理，追究出纳人员的责任。
5 角	17	8.5		鲁红安
1 角	17	1.7		
1 分	—	—		
合计		¥1 973.20		财务主管
其他项目		—		按制度相关规定处理，追究出纳人员的责任。
未报销售费用		—		张云
借支		—		
总计		¥1 973.20		
账面数		¥2 033.20		
盘点亏盈		（¥-60.00）		
上列款项于 3 月 20 日 15 时盘点，盘点时本人在场，并如数归还无误。				
保管人：曾丽		主管：张云		盘点人：蒋晓霞

3. 编制记账凭证

制单人员李明根据现金盘点报告单等有关单证，编制盘亏业务的记账凭证（见表 3-38）交予会计蒋晓霞审核。

表 3-38 记账凭证

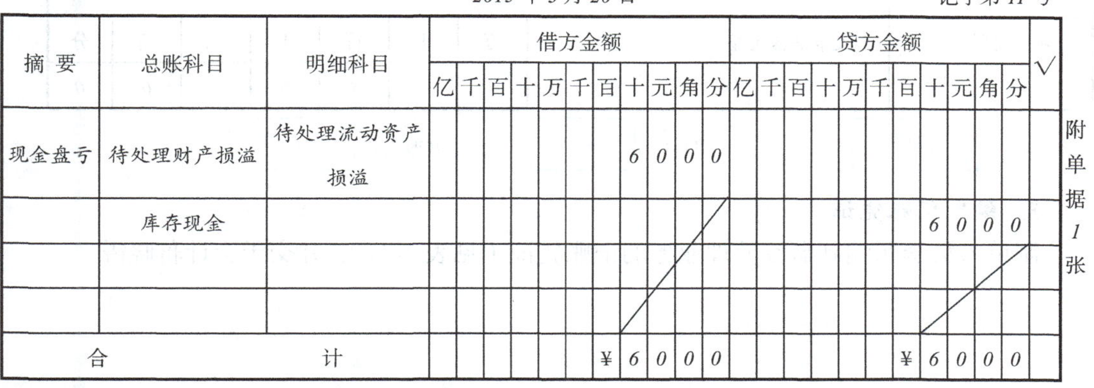

2015 年 3 月 20 日　　　　记字第 11 号

摘要	总账科目	明细科目	借方金额											贷方金额											√
			亿	千	百	十	万	千	百	十	元	角	分	亿	千	百	十	万	千	百	十	元	角	分	
现金盘亏	待处理财产损溢	待处理流动资产损溢								6	0	0	0												
	库存现金																				6	0	0	0	
合计									¥	6	0	0	0							¥	6	0	0	0	

附单据 1 张

会计主管：张云　　记账：　　审核：蒋晓霞　　制单：李明

4. 盘点差异处理

根据盘点差异的处理意见，追究出纳人员保管不善的责任，要求其承担 60 元赔偿责任，会计蒋晓霞当日收到的出纳人员曾丽赔偿人民币 60 元，并开具现金收款收据（见表 3-39 与表 3-40），第二联回执联加盖财务章后交予交款人作为收执，剩余的第一联存根联和第三联记账联留存企业，并交会计主管张云审核。

表 3-39 现金收款收据

2015 年 3 月 20 日 No:7

交款人	曾丽							
摘要	上交赔偿款 现金收讫							
金额（大写）	人民币陆拾元整	万	千	百	十	元	角	分
				¥	6	0	0	0

第一联：存根联

收款人：蒋晓霞 复核：张云 开票人：蒋晓霞

表 3-40 收款收据

2015 年 3 月 20 日

交款人（单位）	曾丽							
摘要	上交赔款 永丰有限责任公司 财务专用章 现金收讫							
金额（大写）	人民币陆拾元整	万	千	百	十	元	角	分
				¥	6	0	0	0

第二联：回执联

收款人：蒋晓霞 复核：张云 开票人：蒋晓霞

5. 编制记账凭证

制单人员李明编制盘亏处理业务的记账凭证（见表 3-41），并交予会计蒋晓霞。

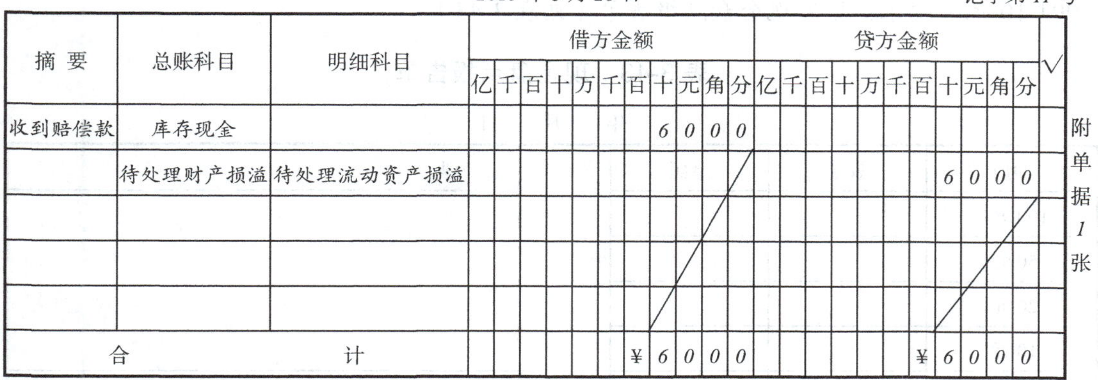

表 3-41　记 账 凭 证

2015 年 3 月 20 日　　　　　　　　　　记字第 11 号

摘要	总账科目	明细科目	借方金额											贷方金额											√
			亿	千	百	十	万	千	百	十	元	角	分	亿	千	百	十	万	千	百	十	元	角	分	
收到赔偿款	库存现金									6	0	0	0												
	待处理财产损溢	待处理流动资产损溢																			6	0	0	0	
合		计							¥	6	0	0	0							¥	6	0	0	0	

附单据 1 张

会计主管：张云　　　记账：　　　审核：蒋晓霞　　　制单：李明

6. 登记库存现金日记账

出纳人员曾丽根据审核无误的记账凭证，序时登记库存现金日记账（见表 3-42），同时，在记账凭证中“记账”栏画上记账符号“√”。

表 3-42　库存现金日记账

15 年		凭证		摘要	对方科目	借方									贷方									余额								
月	日	字	号			百	十	万	千	百	十	元	角	分	百	十	万	千	百	十	元	角	分	百	十	万	千	百	十	元	角	分
3	1			期初余额																							8	0	0	0	0	0
3	1	记	1	销售收款					5	8	5	0	0	0												1	3	8	5	0	0	0
3	1	记	2	收回差旅费余款						6	5	0	0	0												1	4	5	0	0	0	0
3	2	记	3	发放津贴													1	4	0	0	0	0	0					5	0	0	0	0
3	2	记	4	提取备用金					8	0	0	0	0	0													8	5	0	0	0	0
3	2	记	5	预借差旅费														1	0	0	0	0	0				7	5	0	0	0	0
3	12	记	6	报销差旅费															2	3	0	0	0				7	2	7	0	0	0
3	13	记	8	送存现金														5	5	9	0	0	0				1	6	8	0	0	0
3	18	记	9	提取现金					4	5	0	0	0	0													6	1	8	0	0	0
3	20	记	10	现金盘亏																6	0	0	0				6	1	2	0	0	0
3	20	记	10	收到赔偿款							6	0	0	0													6	1	8	0	0	0

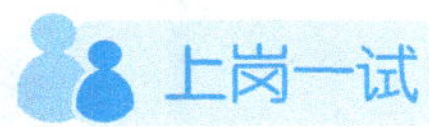

2015 年 9 月 30 日 16:00 时，永丰有限责任公司财务部门会计蒋晓霞进行现金盘点，

出纳曾丽和会计主管张云均在场，盘点库存现金中 70 张 100 元，14 张 50 元，10 张 20 元，4 张 10 元，25 张 5 元，24 枚 1 元，1 枚 5 角和 5 枚 1 角。当日库存现金的账面价值为 7 901.10 元。要求：填写现金盘点报告单（见表 3-43）。

表 3-43　现金盘点报告单

年　月　日

<table>
<tr><td>面值</td><td>数量</td><td>金额</td><td rowspan="15">主
管
批
准</td><td>总经理：</td></tr>
<tr><td>100 元</td><td></td><td></td><td rowspan="4"></td></tr>
<tr><td>50 元</td><td></td><td></td></tr>
<tr><td>20 元</td><td></td><td></td></tr>
<tr><td>10 元</td><td></td><td></td></tr>
<tr><td>5 元</td><td></td><td></td><td>主管经理</td></tr>
<tr><td>1 元</td><td></td><td></td><td rowspan="5"></td></tr>
<tr><td>5 角</td><td></td><td></td></tr>
<tr><td>1 角</td><td></td><td></td></tr>
<tr><td>1 分</td><td></td><td></td></tr>
<tr><td colspan="2">合计</td><td></td></tr>
<tr><td colspan="2">其他项目</td><td></td><td>财务主管</td></tr>
<tr><td colspan="2">未报销费用</td><td></td><td rowspan="3"></td></tr>
<tr><td colspan="2">借支</td><td></td></tr>
<tr><td colspan="2">总计</td><td></td></tr>
<tr><td colspan="2">账面数</td><td></td><td rowspan="2"></td><td rowspan="2"></td></tr>
<tr><td colspan="2">盘点亏盈</td><td></td></tr>
<tr><td colspan="2">保管人：</td><td colspan="2">主管：</td><td>盘点人：</td></tr>
</table>

第四章

银行存款结算业务

模块一　转账支票结算业务

项目一　转账支票付款业务

学习目标

1. 能正确填写空白支票请购单
2. 能正确签发转账支票
3. 能正确进行转账支票付款业务的账务处理

工作任务 1

永丰有限责任公司出纳人员曾丽于 2015 年 4 月 1 日向开户银行购买空白转账支票 1 本。

业务办理流程

1. 填写空白支票请购单

存款人向开户银行领购支票时，应由出纳人员填写一式四联的空白支票请购单（见表 4-1 和表 4-2），并在第一联上加盖预留银行印鉴，送交银行办理。

小知识　空白支票请购单

企业向开户银行购买现金支票、转账支票等重要空白票据，需要填写一式四联的空白支票请购单。第一联银行作转账借方凭证；第二联银行作转账贷方凭证；第三联是银行凭证，作配售凭证及销账用；第四联是银行回执，作单位收据或记账凭证。

2. 银行审核

经过银行核对印鉴相符后，发给申请企业空白支票，按规定收取工本费和手续费，并在支票登记簿上注明领用日期、领用单位、支票起止号码等，以备查对。同时在空白支票请购单（见表 4-3）上填列请购凭证的起止号码，并将银行收取的手续费回单交予请购人。

表 4-1　中国农业银行北京市分行营业部空白支票请购单 1

2015 年 4 月 1 日　　　　No：0725055

<table>
<tr><td rowspan="3">请
购
人</td><td>全称</td><td>永丰有限责任公司</td><td rowspan="3">请购
凭证</td><td>名称</td><td colspan="6">转账支票</td></tr>
<tr><td>账号</td><td>30020067124088</td><td>号码</td><td colspan="6"></td></tr>
<tr><td>开户银行</td><td>农行北京阜成支行</td><td>数量</td><td colspan="2">1 本</td><td colspan="2">单价</td><td colspan="2">5.00</td></tr>
<tr><td rowspan="2">金额</td><td colspan="4" rowspan="2">人民币（大写）伍元整</td><td>千</td><td>百</td><td>十</td><td>元</td><td>角</td><td>分</td></tr>
<tr><td></td><td></td><td>¥</td><td>5</td><td>0</td><td>0</td></tr>
<tr><td colspan="4">本存款人已通读本请购单背面所列《支票票据行为诚信承诺书》，对其所列全部内容已经理解并承诺遵守。
永丰有限责任公司 财务专用章　印 杨军
（预留银行签章）</td><td colspan="2">请购人签收：</td><td colspan="5">会计分录：
借：
贷：
授权柜员　操作柜员</td></tr>
</table>

表 4-2　中国农业银行北京市分行营业部空白支票请购单 4

2015 年 4 月 1 日　　　　No：0725055

<table>
<tr><td rowspan="3">请
购
人</td><td>全称</td><td>永丰有限责任公司</td><td rowspan="3">请购
凭证</td><td>名称</td><td colspan="6">转账支票</td></tr>
<tr><td>账号</td><td>30020067124088</td><td>号码</td><td colspan="6"></td></tr>
<tr><td>开户银行</td><td>农行北京阜成支行</td><td>数量</td><td colspan="2">1 本</td><td colspan="2">单价</td><td colspan="2">5.00</td></tr>
<tr><td rowspan="2">金额</td><td colspan="4" rowspan="2">人民币（大写）伍元整</td><td>千</td><td>百</td><td>十</td><td>元</td><td>角</td><td>分</td></tr>
<tr><td></td><td></td><td>¥</td><td>5</td><td>0</td><td>0</td></tr>
<tr><td colspan="2">本存款人已通读本请购单背面所列《支票票据行为诚信承诺书》，对其所列全部内容已经理解并承诺遵守。</td><td colspan="2">（银行盖章）</td><td colspan="2">请购人签收：</td><td colspan="5">会计分录：
借：
贷：
授权柜员　操作柜员</td></tr>
</table>

表 4-3　中国农业银行北京市分行营业部空白支票请购单 1

2015 年 4 月 1 日　　　　No：0725055

<table>
<tr><td rowspan="3">请购人</td><td>全称</td><td>永丰有限责任公司</td><td rowspan="3">请购凭证</td><td>名称</td><td colspan="6">转账支票　（由银行业务人员填写）</td></tr>
<tr><td>账号</td><td>30020067124088</td><td>号码</td><td colspan="6">24562001~24562025</td></tr>
<tr><td>开户银行</td><td>农行北京阜成支行</td><td>数量</td><td colspan="2">1 本</td><td colspan="2">单价</td><td colspan="2">5.00</td></tr>
<tr><td rowspan="2">金额</td><td colspan="4" rowspan="2">人民币（大写）伍元整</td><td>千</td><td>百</td><td>十</td><td>元</td><td>角</td><td>分</td></tr>
<tr><td></td><td></td><td>¥</td><td>5</td><td>0</td><td>0</td></tr>
<tr><td colspan="3">本存款人已通读本请购单背面所列《支票票据行为诚信承诺书》，对其所列全部内容已经理解并承诺遵守。
永丰有限责任公司 财务专用章　杨军印
（预留银行印鉴）</td><td colspan="3">请购人签收：</td><td colspan="5">会计分录：
借：
贷：
授权柜员　操作柜员</td></tr>
</table>

3. 领取空白支票

银行出售的每张转账支票上均要加盖银行名称和签发人账号。按照规定，每个账号一次只能购买一本，业务量大的可以适当放宽。企业因撤销、合并或其他原因注销账户时，应将剩余的空白支票交回银行注销。请购人取得空白支票后，在空白支票请购单“请购人签收”处签字。

企业要严格控制携带空白支票外出采购。对事先不能确定采购物资单价、金额的，经单位领导批准，可将填明收款人名称和签发日期、明确款项用途和款项限额的支票交采购人员，使用支票人员回单位后必须及时向财务部门结算。

4. 编制记账凭证

制单人员李明根据开户行退回的空白支票请购单第四联（表 4-2）和银行收费回单，编制记账凭证（见表 4-4），并交予会计蒋晓霞审核。

5. 登记库存现金日记账

出纳人员曾丽根据审核无误的记账凭证，序时登记库存现金日记账（见表 4-5），同时在记账凭证中“记账”栏画上记账符号“√”。

表 4-4 记账凭证

2015 年 4 月 1 日　　　　记字第 1 号

摘要	总账科目	明细科目	借方金额											贷方金额											√
			亿	千	百	十	万	千	百	十	元	角	分	亿	千	百	十	万	千	百	十	元	角	分	
购买转账支票	财务费用	工本费									5	0	0												
		手续费									5	0	0												
	库存现金																				1	0	0	0	
合	计								¥	1	0	0	0							¥	1	0	0	0	

附单据 1 张

会计主管：张云　　记账：　　审核：蒋晓霞　　制单：李明

表 4-5 库存现金日记账

15 年		凭证		摘要	对方科目	借方									贷方									余额								
月	日	字	号			百	十	万	千	百	十	元	角	分	百	十	万	千	百	十	元	角	分	百	十	万	千	百	十	元	角	分
4	1			月初余额																							5	0	0	0	0	0
4	1	记	1	购买转账支票																1	0	0	0				4	9	9	0	0	0

工作任务 2

永丰有限责任公司于 2015 年 4 月 2 日由出纳人员曾丽签发农业银行转账支票，支付仓库维修款 10 000 元，并办理转账结算。收款人为空间装饰公司，账号：40023759，开户银行：农行北京清河支行。

业务办理流程

1. 签发转账支票

签发人必须在银行账户余额内按照规定向收款人签发转账支票（见表 4-6）。不准签发空头支票或印章与预留银行印鉴不符的支票，否则银行除退票外，还要按票面金额处以 5% 但不低于 1 000 元的罚款。持有人有权要求出票人赔偿支票金额 2%的赔偿金。已签发的转账支票遗失，银行不受理挂失，可请求收款人共同防范。但已签发的现金支票遗失，可以向银行申请挂失，挂失前已经支付的，银行不予受理。转账支票可以根据需要在票据交换区域内背书转让，背书是指在票据背面记载有关事项并签章的票据行为。

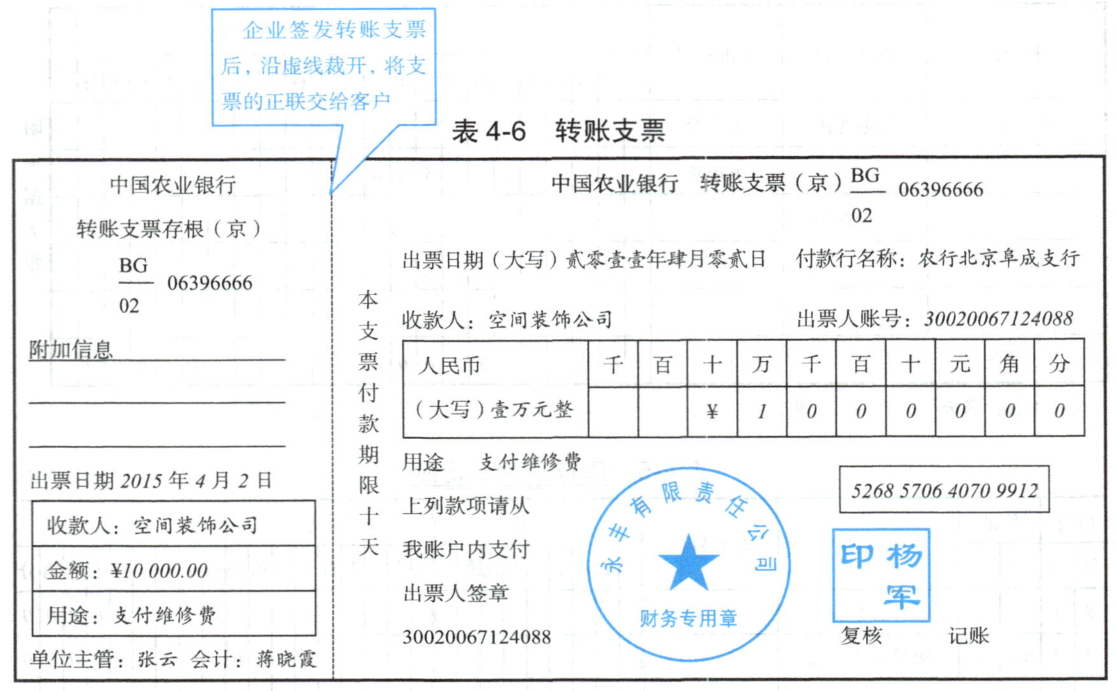

表 4-6　转账支票

中国农业银行
转账支票存根（京）
BG/02 06396666
附加信息
出票日期 2015 年 4 月 2 日
收款人：空间装饰公司
金额：¥10 000.00
用途：支付维修费
单位主管：张云　会计：蒋晓霞

本支票付款期限十天

中国农业银行　转账支票（京）BG/02 06396666
出票日期（大写）贰零壹壹年肆月零贰日　付款行名称：农行北京阜成支行
收款人：空间装饰公司　出票人账号：30020067124088

人民币	千	百	十	万	千	百	十	元	角	分
（大写）壹万元整			¥	1	0	0	0	0	0	0

用途　支付维修费
5268 5706 4070 9912
上列款项请从
我账户内支付
出票人签章
30020067124088
永丰有限责任公司 财务专用章
印 杨军
复核　记账

2. 编制记账凭证

制单人员李明根据转账支票的“存根联”编制记账凭证（见表 4-7），并交予会计蒋晓霞审核。

表 4-7　记账凭证

2015 年 4 月 2 日　　记字第 2 号

摘要	总账科目	明细科目	借方金额											贷方金额											√
			亿	千	百	十	万	千	百	十	元	角	分	亿	千	百	十	万	千	百	十	元	角	分	
支付维修费	在建工程						1	0	0	0	0	0	0												
	银行存款	农行北京阜成支行																1	0	0	0	0	0	0	
合计						¥	1	0	0	0	0	0	0				¥	1	0	0	0	0	0	0	

附单据 1 张

会计主管：张云　记账：　审核：蒋晓霞　制单：李明

3. 登记银行存款日记账

出纳人员曾丽根据审核无误的记账凭证，序时登记银行存款日记账（见表 4-8）。同时，在记账凭证中“记账”栏画上记账符号“√”。

表 4-8　银行存款日记账

开户行名称：农行北京阜成支行

15 年		凭证		摘要	对方科目	借方									贷方									余额								
月	日	字	号			百	十	万	千	百	十	元	角	分	百	十	万	千	百	十	元	角	分	百	十	万	千	百	十	元	角	分
4	1			月初余额																				1	1	8	0	0	0	0	0	0
4	2	记	2	支付维修费													1	0	0	0	0	0	0	1	1	7	0	0	0	0	0	0

上岗一试

永丰有限责任公司于 2015 年 8 月 1 日由出纳人员曾丽签发农业银行转账支票一张，支付仓库改造工程款 150 000 元。收款人为空间装饰公司，账号为 40023759，开户银行为农行北京清河支行。要求：签发转账支票一张（见表 4-9）。

表 4-9　转账支票

中国农业银行

现金支票存根（京）

BM/02 07949468

附加信息：

出票日期　年　月　日

收款人：

金　额：

用　途：

单位主管　　会计

中 国 农 业 银 行　现金支票　（京）BM/02 07949468

本支票付款期限十天

出票日期（大写）　年　月　日　　付款行名称：

收款人：　　出票人账号：

人民币（大写）	亿	千	百	十	万	千	百	十	元	角	分

用途

上列款项请从

我账户内支付

出票人签章

复核　　记账

项目二　转账支票收款业务

学习目标

1. 能正确填写进账单
2. 能正确填写转账支票背面信息
3. 能正确进行转账支票收款业务的账务处理

工作任务

永丰有限责公司出纳人员曾丽于 2015 年 4 月 2 日持客户金达有限责任公司签发的用于支付前欠销售款的转账支票（见表 4-10）一张，到其开户银行办理进账。

表 4-10　转账支票

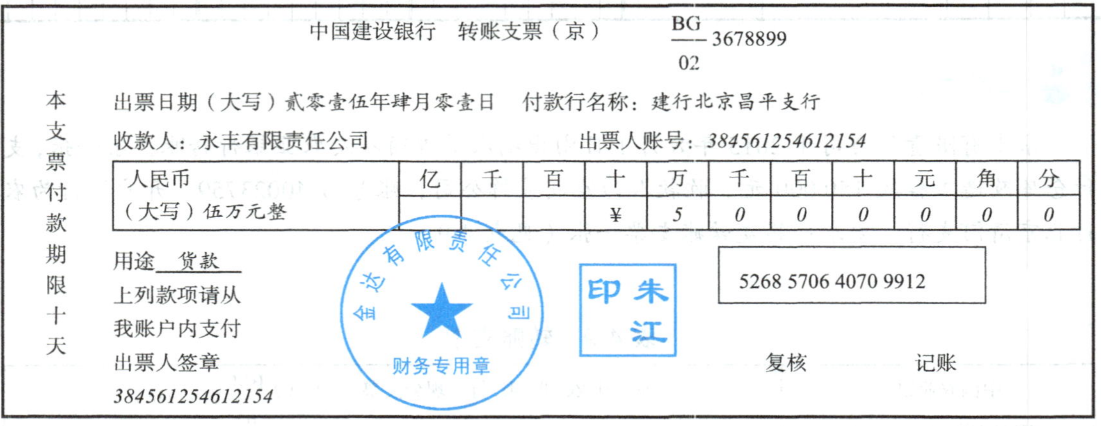

中国建设银行　转账支票（京）　BG/02 3678899

本支票付款期限十天

出票日期（大写）贰零壹伍年肆月零壹日　付款行名称：建行北京昌平支行

收款人：永丰有限责任公司　出票人账号：384561254612154

人民币（大写）伍万元整	亿	千	百	十	万	千	百	十	元	角	分
				¥	5	0	0	0	0	0	0

用途 货款

上列款项请从我账户内支付

出票人签章

384561254612154

金达有限责任公司 财务专用章　印 朱江

5268 5706 4070 9912

复核　记账

业务办理流程

1. 审核转账支票

出纳人员接受转账支票，应注意审核以下内容：支票收款人或背书人是否为本企业；支票签发日期是否在付款期内；大小写金额是否一致；背书转让的支票其背书是否连续，有无“不准转让”字样；大小写金额、签发日期和收款人有无更改；签发人盖章是否齐全。

2. 填写支票背面

收款人应在支票规定的付款期限（10 日）内，持转账支票到本单位的开户银行办理收款进账手续，逾期银行不予受理。办理收款进账手续时，应在转账支票背面（见表 4-11）背书人签章处加盖本企业银行预留印鉴，并填写签章的日期，同时在本栏填写“委托收款”字样；在被背书人栏填写本单位开户银行名称。

表 4-11　转账支票背面

附加信息：	被背书人：中国农业银行北京阜成支行
	委托收款 永丰有限责任公司 财务专用章　杨军印 背书人签章：2015年4月2日

如果收款业务是由付款人签发，委托其开户银行办理转账结算程序的转账支票结算，付款人按应支付的款项签发转账支票，加盖银行预留印鉴，并填制进账单后，直接交其开户银行，要求将上述款项划转到收款人开户银行，俗称“倒打”。

> **小知识　进账单**
>
> 进账单共三联。第一联回单联，此联是受理银行交给持（出）票人的回单；第二联贷方凭证，此联由收款人开户银行作贷方凭证；第三联收账通知，此联是收款人开户银行交给收款人的收账通知。

3. 填写进账单

收款人审核无误后，填写进账单（见表 4-12），将支票连同进账单一并交给开户银行办理进账，经银行审核无误后，在进账单的第一联回单上加盖银行印章，退回收款人。回单联不做进账、提货的证明，不做账务处理依据，仅供查询用。

表 4-12　进账单

中国农业银行　进账单

2015年4月2日

出票人	全称	金达有限责任公司
	账户	384561254612154
	开户银行	建行北京昌平支行
金额	人民币（小写）	¥50 000.00
收款人	全称	永丰有限责任公司
	账号	30020067124088
	开户银行	农行北京阜成支行
票据种类	转账支票	票据张数　1
票据号码	3678899	

中国农业银行　进账单（回　单）　1

2015年4月2日

出票人	全称	金达有限责任公司	收款人	全称	永丰有限责任公司
	账户	384561254612154		账户	30020067124088
	开户银行	建行北京昌平支行		开户银行	农行北京阜成支行

人民币（大写）伍万元整	千	百	十	万	千	百	十	元	角	分
			¥	5	0	0	0	0	0	0

票据种类	转账支票	中国农业银行北京阜成支行 2015年4月2日 转讫
票据张数	1	
凭证号码	3678899	

注意：本回单不做进账、提货的证明，不做账务处理依据，仅供查询用

4．编制记账凭证

银行之间传递凭证，收款人开户银行办妥进账手续后，通知收款人收款入账，制单人员李明根据开户银行退回的第三联“收账通知”联，编制记账凭证（见表 4-13），并交予会计蒋晓霞审核。

表 4-13 记账凭证

2015 年 4 月 2 日　　　　记字第 3 号

摘要	总账科目	明细科目	借方金额											贷方金额											√
			亿	千	百	十	万	千	百	十	元	角	分	亿	千	百	十	万	千	百	十	元	角	分	
收到前欠款项	银行存款	农行北京阜成支行					5	0	0	0	0	0	0												
	应收账款	金达公司																5	0	0	0	0	0	0	
合		计				¥	5	0	0	0	0	0	0				¥	5	0	0	0	0	0	0	

附单据 1 张

会计主管：张云　　记账：　　审核：蒋晓霞　　制单：李明

5．登记银行存款日记账

出纳人员曾丽根据审核无误的记账凭证，序时登记银行存款日记账（见表 4-14）。同时，在记账凭证中“记账”栏画上记账符号“√”。

表 4-14 银行存款日记账

开户行名称：农行北京阜成支行

15 年		凭证		摘要	对方科目	借方									贷方									余额								
月	日	字	号			百	十	万	千	百	十	元	角	分	百	十	万	千	百	十	元	角	分	百	十	万	千	百	十	元	角	分
4	1			月初余额																				1	1	8	0	0	0	0	0	0
4	2	记	2	支付维修费													1	0	0	0	0	0	0	1	1	7	0	0	0	0	0	0
4	2	记	3	收到前欠款项				5	0	0	0	0	0	0										1	2	2	0	0	0	0	0	0

上岗一试

永丰有限责任公司出纳人员曾丽，于 2015 年 8 月 2 日持客户奇峰有限责任公司签发的用于支付房屋租赁款的转账支票（见表 4-15）一张，到其开户银行办理进账。要求：出纳人员填写进账单（见表 4-16）。

表 4-15 转账支票

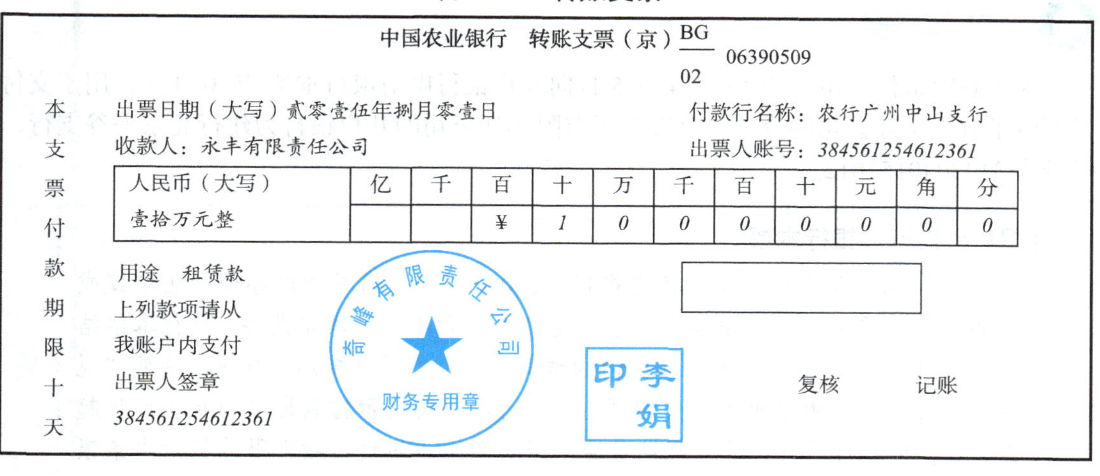

中国农业银行 转账支票（京）BG/02 06390509

本支票付款期限十天

出票日期（大写）贰零壹伍年捌月零壹日　　付款行名称：农行广州中山支行

收款人：永丰有限责任公司　　出票人账号：384561254612361

人民币（大写）	亿	千	百	十	万	千	百	十	元	角	分
壹拾万元整			¥	1	0	0	0	0	0	0	0

用途 租赁款

上列款项请从

我账户内支付

出票人签章

384561254612361

复核　　记账

表 4-16 进账单

进账单

年 月 日

出票人	全称	
	账户	
	开户银行	
金额	人民币（小写）	
收款人	全称	
	账号	
	开户银行	
票据种类		票据张数	
票据号码		

中国农业银行 进账单（回 单） 1

年 月 日

出票人	全称		收款人	全称	
	账户			账户	
	开户银行			开户银行	

人民币（大写）	千	百	十	万	千	百	十	元	角	分

票据种类		
票据张数		
凭证号码		
		受理银行盖章

注意：本回单不做进账、提货的证明，不做账务处理依据，仅供查询用

此联是受理行交给持（出）票人的回单

模块二 银行本票结算业务

项目一 银行本票结算付款业务

学习目标

1. 能正确填写银行本票业务委托书
2. 能正确进行银行本票付款业务的账务处理

工作任务

永丰有限责任公司于 2015 年 4 月 5 日向开户银行申请银行本票 75 000 元，用于支付科万电子有限责任公司的货款。科万电子有限责任公司的开户银行为建行北京平谷支行，账号为 3123040152012。

> **小知识　银行本票**
>
> 银行本票是申请人将款项交存银行，由银行签发给其凭以办理转账结算或支取现金的票据。按其金额不同分为定额本票和不定额本票两种。银行本票结算适用于同城或同一票据交换区内的结算。银行本票只要用于转账，注明“现金”字样的银行本票也可以支取现金。银行本票的提示付款期限为自出票日起 2 个月，按对月对日计算，到期日遇节假日顺延，超过付款期限的银行本票银行不予受理。

申请人办理银行本票，应向银行填写银行本票的业务委托书（见表 4-17），详细填明收款人名称、金额、日期等内容，并加盖预留银行印章，如个体经济户和个人需要支取现金的，还应填明“现金”字样，送本单位开户银行（未在银行开户的个人办理银行本票时，应先将现金交存银行，办理领取银行本票手续）。

表 4-17　中国农业银行业务委托书

委托日期：2015 年 4 月 5 日　　　　京 A00637382

银行打印					
客户打印	业务类型	□电汇　□信汇　□汇票申请书　☑本票申请书　其他＿＿＿＿		汇款方式	□普通　□加急
	委托人 全称	永丰有限责任公司	收款人 全称	科万电子有限责任公司	
	账号或地址	30020067124088	账号或地址	3123040152012	
	开户行名称	农行北京阜成支行	开户行名称	建行北京平谷支行	
	开户银行	北京市	开户银行	北京市	

金额（大写）人民币柒万伍仟元整	亿	千	百	十	万	千	百	十	元	角	分
				¥	7	5	0	0	0	0	0

支付密码		上列款项及相关费用请从我账户内支付 （印章：永丰有限责任公司 财务专用章）（印章：杨军印） 委托人签章：
加急汇款签字		
用途	货款	
附加信息及用途		

事后监督：　　　　会计主管：　　　　复核：　　　　记账：

> 📖 小知识 业务委托书
>
> 银行本票的业务委托书一式三联：第一联记账联，留存受理业务银行，据以记账；第二联为发报或出票依据，传递给收款银行；第三联回单联，退回申请人。

1. 申请办理银行本票

银行受理企业递交的一式三联的银行本票业务委托书，在收妥款项后，据以签发银行本票（见表 4-18，表 4-19 和表 4-20）。如签发不定额本票时，需要支取现金的，在银行本票上划去“转账”字样；用于转账的，在银行本票上划去“现金”字样，加盖印鉴，用压数机压印出票金额，将银行本票与加盖银行印鉴的业务委托书“回单联”一并交给申请人办理结算。

> 📖 小知识 银行本票的种类
>
> 银行本票可以分为定额银行本票和不定额银行本票。定额银行本票面额为 1 000 元、5 000 元、10 000 元和 50 000 元。不定额银行本票一式两联，第一联出票行留存，结清本票时作借方凭证附件；第二联出票行结清本票时作借方凭证。

表 4-18 农业银行本票 1

付款期限 贰个月

京 A12637378

出票日期（大写）贰零壹伍年肆月零伍日

收款人：科万电子有限责任公司			申请人：永丰有限责任公司
凭票即付人民币（大写）柒万伍仟元整			
转账	现金		
备注：			出纳： 复核： 经办：

此联出票行留存结清本票时作借方凭证附件

表 4-19　农业银行本票 2（正面）

付款期限 贰个月			京 A12637378
	出票日期（大写）贰零壹伍年肆月零伍日		
收款人：科万电子有限责任公司		申请人：永丰有限责任公司	
凭票即付人民币（大写）柒万伍仟元整			此联出票行结清本票时作借方凭证
转账	现金		
备注：	中国农业银行北京阜成支行票据专用章 出票银行签章 2015 年 4 月 8 日	出纳：　复核：　经办：	

表 4-20　农业银行本票 2（背面）

背书人		被背书人	粘贴处
背书人签章 年　月　日		被背书人签章 年　月　日	
持票人向银行 提示付款签章：	身份证件名称：　发证机关： 号码		

2. 编制记账凭证

制单人员李明根据加盖付款行印鉴的银行本票业务委托书回单联编制记账凭证（见表 4-21），并交予会计蒋晓霞审核，同时将银行本票交予收款人据以收款。

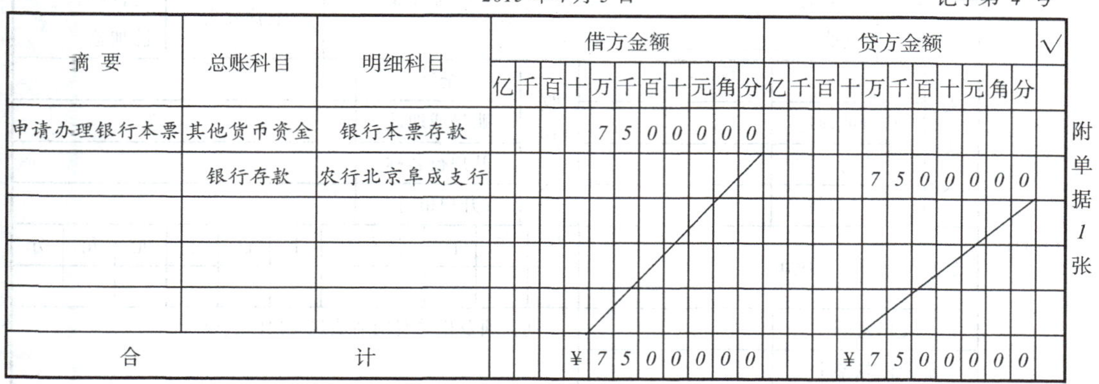

表 4-21　记账凭证

2015 年 4 月 5 日　　　　记字第 4 号

摘　要	总账科目	明细科目	借方金额											贷方金额											√
			亿	千	百	十	万	千	百	十	元	角	分	亿	千	百	十	万	千	百	十	元	角	分	
申请办理银行本票	其他货币资金	银行本票存款					7	5	0	0	0	0	0												
	银行存款	农行北京阜成支行																7	5	0	0	0	0	0	
合		计				¥	7	5	0	0	0	0	0				¥	7	5	0	0	0	0	0	

附单据 1 张

会计主管：张云　　记账：　　审核：蒋晓霞　　制单：李明

3. **登记银行存款日记账**

出纳人员曾丽根据审核无误的记账凭证，序时登记银行存款日记账（见表 4-22）。同时在记账凭证中“记账”栏画上记账符号“√”。

表 4-22　银行存款日记账

开户行名称：农行北京阜成支行

15 年		凭证		摘　要	对方科目	借　方									贷　方									余　额								
月	日	字	号			百	十	万	千	百	十	元	角	分	百	十	万	千	百	十	元	角	分	百	十	万	千	百	十	元	角	分
4	1			月初余额																				1	1	8	0	0	0	0	0	0
4	1	记	2	支付维修费													1	0	0	0	0	0	0	1	1	7	0	0	0	0	0	0
4	2	记	3	收到前欠款项				5	0	0	0	0	0	0										1	2	2	0	0	0	0	0	0
4	5	记	4	申请银行本票													7	5	0	0	0	0	0	1	1	4	5	0	0	0	0	0

上岗一试

2015 年 5 月 9 日，永丰有限责任公司向开户银行申请银行本票，用于支付天娱广告有限公司（开户行：农行北京顺义分行；账号：4201425769）广告费 2 000 000 元。要求：填写银行本票业务委托书（见表 4-23）。

表 4-23　中国农业银行业务委托书

委托日期：　　年　　月　　日　　　　　　　　　　京 A00637382

<table>
<tr><td>银行打印</td><td colspan="17"></td></tr>
<tr><td rowspan="11">客户打印</td><td colspan="2">业务类型</td><td colspan="8">□电汇　□信汇　□汇票申请书　□本票申请书
其他________</td><td colspan="4">汇款方式</td><td colspan="3">□普通
□加急</td></tr>
<tr><td rowspan="4">委托人</td><td>全称</td><td></td><td rowspan="4">收款人</td><td colspan="3">全称</td><td colspan="10"></td></tr>
<tr><td>账号或地址</td><td></td><td colspan="3">账号或地址</td><td colspan="10"></td></tr>
<tr><td>开户行名称</td><td></td><td colspan="3">开户行名称</td><td colspan="10"></td></tr>
<tr><td>开户银行</td><td></td><td colspan="3">开户银行</td><td colspan="10"></td></tr>
<tr><td colspan="3" rowspan="2">金额（大写）人民币</td><td>亿</td><td>千</td><td>百</td><td>十</td><td>万</td><td>千</td><td>百</td><td>十</td><td>元</td><td>角</td><td>分</td><td></td><td></td></tr>
<tr><td></td><td></td><td></td><td></td><td></td><td></td><td></td><td></td><td></td><td></td><td></td><td></td><td></td></tr>
<tr><td colspan="2">支付密码</td><td></td><td colspan="14" rowspan="4">上列款项及相关费用请从我账户内支付

委托人签章：</td></tr>
<tr><td colspan="2">加急汇款签字</td><td></td></tr>
<tr><td colspan="2">用途</td><td></td></tr>
<tr><td colspan="3">附加信息及用途</td></tr>
</table>

事后监督：　　　　　会计主管：　　　　　复核：　　　　　记账：

项目二　银行本票结算收款业务

学习目标

1. 能正确填写进账单
2. 能正确填写银行本票背面信息
3. 能正确进行银行本票收款业务的账务处理

工作任务

永丰有限责任公司收到海吉星有限责任公司本票（见表 4-24）一张，于 2015 年 4 月 10 日到其开户银行办理进账。海吉星有限责任公司开户银行是中国农业银行北京永顺支行，账号 3845612546121。

表 4-24　农业银行本票 2

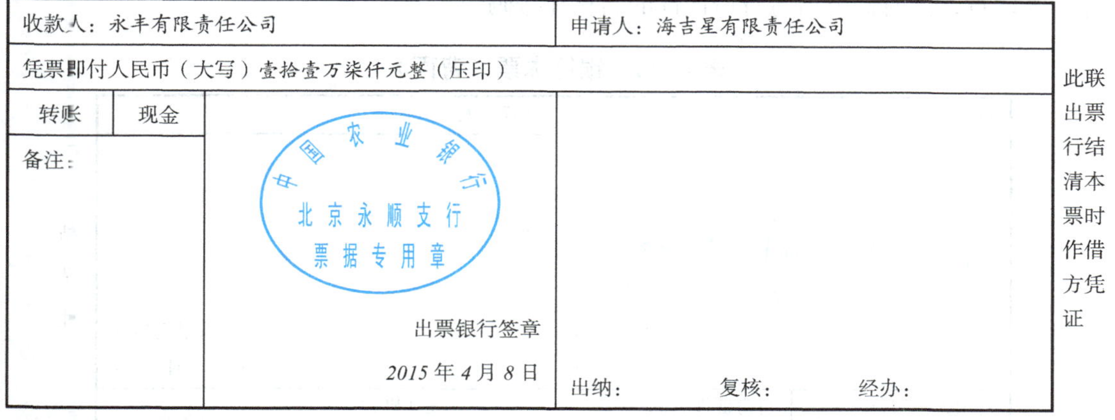

付款期限 贰个月			
			京 A06391238
出票日期（大写）贰零壹伍年肆月零伍日			
收款人：永丰有限责任公司			申请人：海吉星有限责任公司
凭票即付人民币（大写）壹拾壹万柒仟元整（压印）			
转账	现金	出票银行签章 2015 年 4 月 8 日	出纳：　复核：　经办：
备注：			

此联出票行结清本票时作借方凭证

业务办理流程

1. 审核银行本票

收款人应在银行本票规定的付款期限（2 个月）内，持银行本票到本单位的开户银行办理收款进账手续，逾期银行不予受理。在办理收款进账时，收款人应审查下列事项：收款人是否确为本单位或本人；银行本票是否在提示付款期限内；必须记载事项是否齐全；出票行签章是否符合规定；不定额银行本票是否有压数机压印的出票金额，并与大写出票金额一致；出票金额、出票日期是否更改；背书是否连续。

小知识　银行本票结算的基本规定

（1）银行本票一律记名。

（2）银行本票允许背书转让。

（3）银行本票的提示付款期限最长不超过 2 个月（不分大月、小月，一律按次月对日计算，到期日遇节假日顺延）。逾期的银行本票，兑付银行不予受理。

（4）银行本票需要支付现金的，付款人在“银行本票业务委托书”上填明“现金”字样，银行受理签发本票时，在本票上划去“转账”字样并盖章，收款人凭此本票即可支取现金。申请人或收款人为单位的，不得申请签发现金银行本票。

（5）银行本票见票即付。本票的出票人在持票人提示付款时，必须承担付款的责任。

（6）注明“现金”字样的现金银行本票丢失，可以挂失止付。

（7）注明“转账”字样的现金银行本票丢失，不予挂失。

（8）遗失的银行本票在付款期满后 1 个月确未冒领，可以办理退款手续。

2. 填写银行本票背面信息

收款人审核银行本票无误后，在本票背面（见表 4-25）“持票人向银行提示付款签章”处加盖银行预留印鉴。如收款人为个人，在本票背面“持票人向银行提示付款签章”处加盖个人印章，同时需要填写身份证件的名称和号码。

表 4-25　银行本票（背面）

背书人		被背书人	粘贴处
永丰有限责任公司 财务专用章　印 杨军 背书人签章 年　月　日		粘贴处 被背书人签章 年　月　日	
持票人向银行提示付款签章：	身份证件名称：　发证机关： 号码		

3. 填写进账单

收款人根据审核无误的银行本票，填写进账单，将银行本票连同进账单（见表 4-26）一并交给开户银行办理进账，经银行审核无误后，在进账单回单上加盖银行印章，退回收款人。回单联不做进账、提货的证明，不做账务处理依据，仅供查询用。

表 4-26　进账单

中国农业银行　进账单

2015 年 4 月 10 日

出票人	全称	海吉星有限责任公司
	账户	3845612546121
	开户银行	农行北京永顺支行
金额	人民币（小写）	¥117 000.00
收款人	全称	永丰有限责任公司
	账号	30020067124088
	开户银行	农行北京阜成支行
票据种类	银行本票	票据张数 1
票据号码	06391238	

中国农业银行　进账单（回单）　1

2015 年 4 月 10 日

出票人	全称	海吉星有限责任公司		收款人	全称	永丰有限责任公司							
	账户	3845612546121			账户	30020067124088							
	开户银行	农行北京永顺支行			开户银行	农行北京阜成支行							
人民币（大写）			千	百	十	万	千	百	十	元	角	分	
壹拾壹万柒仟元整				¥	1	1	7	0	0	0	0	0	
票据种类	银行本		中国农业银行北京阜成支行 2015年4月10日 转讫 受理银行盖章 2015 年 4 月 10 日										
票据张数	1												
凭证号码	06391238												

注意：本回单不做进账、提货的证明，不做账务处理依据，仅供查询用

4. 编制记账凭证

银行之间传递凭证，办理资金划拨。收款人开户银行办妥进账手续后，通知收款人收款入账，制单人员李明根据开户银行退回的“收账通知”联编制记账凭证（见表 4-27），并交予会计蒋晓霞审核。

表 4-27　记账凭证

2015 年 4 月 10 日　　　　记字第 5 号

摘　要	总账科目	明细科目	借方金额											贷方金额											√
			亿	千	百	十	万	千	百	十	元	角	分	亿	千	百	十	万	千	百	十	元	角	分	
收到销售货款	银行存款	农行北京阜成支行				1	1	7	0	0	0	0	0												
	主营业务收入																1	0	0	0	0	0	0	0	
	应交税费	应交增值税（销项税）																1	7	0	0	0	0	0	
合		计			¥	1	1	7	0	0	0	0	0			¥	1	1	7	0	0	0	0	0	

附单据 2 张

会计主管：张云　　　记账：　　　审核：蒋晓霞　　　制单：李明

5. 登记银行存款日记账

出纳人员曾丽根据审核无误的记账凭证，序时登记银行存款日记账（见表 4-28）。同时在记账凭证中“记账”栏画上记账符号“√”。

表 4-28　银行存款日记账

开户行名称：农行北京阜成支行

15 年		凭证		摘　要	对方科目	借　方									贷　方									余　额								
月	日	字	号			百	十	万	千	百	十	元	角	分	百	十	万	千	百	十	元	角	分	百	十	万	千	百	十	元	角	分
4	1			月初余额																				1	1	8	0	0	0	0	0	0
4	1	记	2	支付维修费													1	0	0	0	0	0	0	1	1	7	0	0	0	0	0	0
4	2	记	3	收到前欠款项				5	0	0	0	0	0	0										1	2	2	0	0	0	0	0	0
4	5	记	4	申请银行本票													7	5	0	0	0	0	0	1	1	4	5	0	0	0	0	0
4	10	记	5	收到销售款			1	1	7	0	0	0	0	0										1	2	6	2	0	0	0	0	0

上岗一试

2015 年 5 月 26 日，永丰有限责任公司收到王府井有限责任公司银行本票（见表 4-29）一张，于 6 月 10 日到其开户银行办理进账，王府井有限责任公司开户行是中国农业银行北京三河支行；账号：4234258648677。要求：填写进账单（见表 4-30）。

表 4-29 农业银行本票 2

<table>
<tr><td colspan="3">付款期限
贰个月</td><td colspan="2">京 A08391278</td></tr>
<tr><td colspan="5">出票日期（大写）贰零壹伍年伍月贰拾陆日</td></tr>
<tr><td colspan="3">收款人：永丰有限责任公司</td><td>申请人：王府井有限责任公司</td><td rowspan="6">此联出票行结清本票时作借方凭证</td></tr>
<tr><td colspan="3"></td><td></td></tr>
<tr><td colspan="4">凭票即付人民币（大写）贰拾叁万肆仟元整（压印）</td></tr>
<tr><td>转账</td><td>现金</td><td rowspan="2">中国农业银行北京三河支行票据专用章
出票银行签章
2015 年 5 月 26 日</td><td rowspan="2">出纳：　　复核：　　经办：</td></tr>
<tr><td colspan="2">备注：</td></tr>
</table>

表 4-30 进账单

<table>
<tr><td colspan="5">进账单
年　月　日</td><td colspan="14">中国农业银行　进账单（回单）　1
年　月　日</td></tr>
<tr><td rowspan="3">出票人</td><td>全称</td><td colspan="3"></td><td rowspan="3">出票人</td><td>全称</td><td></td><td rowspan="3">收款人</td><td>全称</td><td colspan="9"></td></tr>
<tr><td>账户</td><td colspan="3"></td><td>账户</td><td></td><td>账户</td><td colspan="9"></td></tr>
<tr><td>开户银行</td><td colspan="3"></td><td>开户银行</td><td></td><td>开户银行</td><td colspan="9"></td></tr>
<tr><td rowspan="2">金额</td><td rowspan="2">人民币（小写）</td><td colspan="3" rowspan="2"></td><td colspan="4" rowspan="2">人民币（大写）</td><td>千</td><td>百</td><td>十</td><td>万</td><td>千</td><td>百</td><td>十</td><td>元</td><td>角</td><td>分</td></tr>
<tr><td></td><td></td><td></td><td></td><td></td><td></td><td></td><td></td><td></td><td></td></tr>
<tr><td rowspan="3">收款人</td><td>全称</td><td colspan="3"></td><td colspan="2">票据种类</td><td></td><td colspan="11" rowspan="4">受理银行盖章</td></tr>
<tr><td>账号</td><td colspan="3"></td><td colspan="2">票据张数</td><td></td></tr>
<tr><td>开户银行</td><td colspan="3"></td><td colspan="2">凭证号码</td><td></td></tr>
<tr><td colspan="2">票据种类</td><td></td><td>票据张数</td><td></td><td colspan="3"></td></tr>
<tr><td colspan="2">票据号码</td><td colspan="3"></td><td colspan="14">注意：本回单不做进账、提货的证明，不做账务处理依据，仅供查询用</td></tr>
</table>

模块三　汇兑结算业务

项目一　汇兑结算付款业务

学习目标

1. 能正确填写汇兑结算业务委托书
2. 能正确进行汇兑结算付款业务的账务处理

工作任务

永丰有限责任公司 2015 年 4 月 13 日采用电汇方式支付黄河股份有限责任公司购货款 89 500 元。黄河股份有限责任公司开户银行为中国农业银行长沙中山支行（湖南省），账号 6987340152012905，未设支付密码。

业务办理流程

1. 填写汇兑的业务委托书

小知识　汇兑结算

汇兑是指汇款人委托银行将其款项支付给收款人的结算方式。汇兑按划款方式不同分为信汇和电汇两种。信汇是指汇款人委托银行通过邮寄方式将款项支付给收款人。电汇是指汇款人委托银行通过电报方式将款项划给收款人。汇兑结算方式适用于异地之间单位和个人的各种款项结算，具有划拨款项简单、灵活的特点。

汇款人委托开户银行办理汇款，进行汇兑结算时，应填制一式三联汇兑结算的业务委托书（见表 4-31），并在第一联记账联上加盖银行预留印鉴，交予银行办理划款手续。其格式和填写要求与申请银行本票业务委托书基本相同。

表 4-31 中国农业银行业务委托书

委托日期：2015 年 4 月 13 日　　京 A78637390

<table>
<tr><td>银行打印</td><td colspan="17"></td></tr>
<tr><td rowspan="12">客户打印</td><td colspan="2">业务类型</td><td colspan="7">☑电汇 □信汇 □汇票申请书 □本票申请书
其他________</td><td colspan="3">汇款方式</td><td colspan="5">☑普通
□加急</td></tr>
<tr><td rowspan="4">委托人</td><td>全称</td><td>永丰有限责任公司</td><td rowspan="4">收款人</td><td colspan="3">全称</td><td colspan="9">黄河股份有限责任公司</td></tr>
<tr><td>账号或地址</td><td>30020067124088</td><td colspan="3">账号或地址</td><td colspan="9">6987340152012905</td></tr>
<tr><td>开户行名称</td><td>农行北京阜成支行</td><td colspan="3">开户行名称</td><td colspan="9">农行长沙市中山支行</td></tr>
<tr><td>开户银行</td><td>北京市</td><td colspan="3">开户银行</td><td colspan="9">湖南省长沙市</td></tr>
<tr><td colspan="3" rowspan="2">金额（大写）人民币捌万玖仟伍佰元整</td><td>亿</td><td>千</td><td>百</td><td>十</td><td>万</td><td>千</td><td>百</td><td>十</td><td>元</td><td>角</td><td>分</td></tr>
<tr><td></td><td></td><td></td><td>¥</td><td>8</td><td>9</td><td>5</td><td>0</td><td>0</td><td>0</td><td>0</td></tr>
<tr><td colspan="2">支付密码</td><td>—</td><td colspan="11" rowspan="5">上列款项及相关费用请从我账户内支付
永丰有限责任公司 财务专用章　印 杨军
委托人签章：</td></tr>
<tr><td colspan="2">加急汇款签字</td><td></td></tr>
<tr><td colspan="2">用途</td><td>货款</td></tr>
<tr><td colspan="3">附加信息及用途</td></tr>
</table>

第一联 记账联

事后监督：　　会计主管：　　复核：　　记账：

2. 银行受理

银行对汇款人交来的凭证审核无误后，将第三联回单联加盖业务章后，退回申请人。同时将第一联记账联留存付款人开户银行，据以记账；付款人开户银行和收款人开户银行之间进行凭证传递，将第二联为发报或出票依据，传递给收款银行，办理款项划拨。办理汇兑结算，企业需要按照规定向银行缴纳汇兑结算有关费用（见表 4-32）。

3. 编制记账凭证

制单人员李明根据银行退回的业务委托书“回单联”和收费凭证存根联编制记账凭证一：支付手续费（见表 4-33），记账凭证二：支付购货款（见表 4-34），并交予会计蒋晓霞审核。

4. 登记银行存款日记账

出纳人员曾丽根据审核无误的记账凭证，序时登记银行存款日记账（见表 4-35），同时在记账凭证中“记账”栏画上记账符号“√”。

表 4-32 汇兑结算有关费用

金额标准	汇划费		手续费	
	普通	加急	普通	加急（2 小时到账）
1 万元（含）以下	5 元/笔	加收 30%	0.5 元/笔	0.5 元/笔
1 万～10 万元	10 元/笔			
10 万～50 万元	15 元/笔			
50 万～100 万元	20 元/笔			
100 万元以上	按金额的 0.02%，最高不超过 200 元			

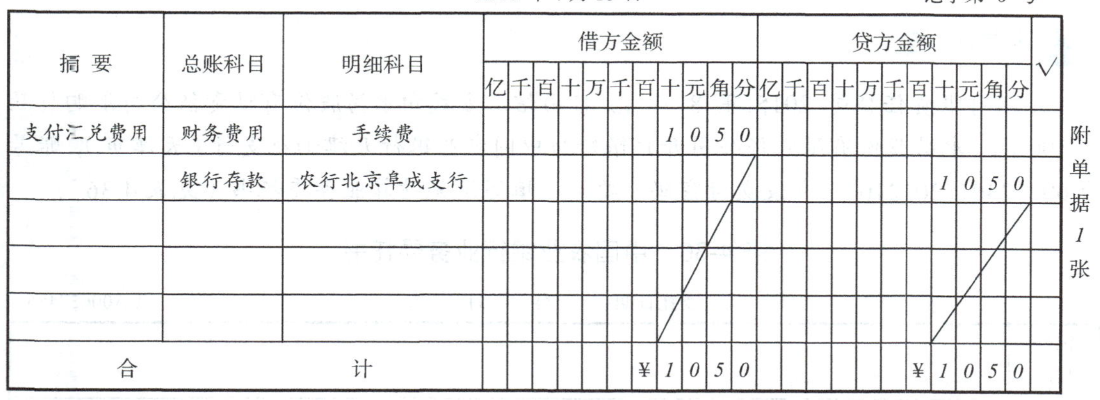

表 4-33 记账凭证

2015 年 4 月 13 日　　　　记字第 6 号

摘要	总账科目	明细科目	借方金额											贷方金额											√
			亿	千	百	十	万	千	百	十	元	角	分	亿	千	百	十	万	千	百	十	元	角	分	
支付汇兑费用	财务费用	手续费								1	0	5	0												
	银行存款	农行北京阜成支行																			1	0	5	0	
合		计							¥	1	0	5	0							¥	1	0	5	0	

附单据 1 张

会计主管：张云　　记账：　　审核：蒋晓霞　　制单：李明

表 4-34 记账凭证

2015 年 4 月 13 日　　　　记字第 7 号

摘要	总账科目	明细科目	借方金额											贷方金额											√
			亿	千	百	十	万	千	百	十	元	角	分	亿	千	百	十	万	千	百	十	元	角	分	
支付赊货款	应付账款	黄河股份有限公司					8	9	5	0	0	0	0												
	银行存款	农行北京阜成支行																8	9	5	0	0	0	0	
合		计				¥	8	9	5	0	0	0	0				¥	8	9	5	0	0	0	0	

附单据 1 张

会计主管：张云　　记账：　　审核：蒋晓霞　　制单：李明

表 4-35　银行存款日记账

开户行名称：农行北京阜成支行

15 年		凭证		摘 要	对方科目	借 方									贷 方									余 额								
月	日	字	号			百	十	万	千	百	十	元	角	分	百	十	万	千	百	十	元	角	分	百	十	万	千	百	十	元	角	分
4	1			月初余额																				1	1	8	0	0	0	0	0	0
4	1	记	2	支付维修费													1	0	0	0	0	0	0	1	1	7	0	0	0	0	0	0
4	2	记	3	收到前欠款项				5	0	0	0	0	0	0										1	2	2	0	0	0	0	0	0
4	5	记	4	申请银行本票													7	5	0	0	0	0	0	1	1	4	5	0	0	0	0	0
4	10	记	5	收到销售款			1	1	7	0	0	0	0	0										1	2	6	2	0	0	0	0	0
4	13	记	6	支付汇兑费用																1	0	5	0	1	2	6	1	9	8	9	5	0
4	13	记	7	支付购货款													8	9	5	0	0	0	0	1	1	7	2	4	8	9	5	0

上岗一试

永丰有限责任公司 2015 年 8 月 13 日用信汇方式向永昌股份有限责任公司汇购货款 22 500 元。永昌股份有限责任公司开户银行为中国农业银行天津雨花支行（天津市），账号为 6987340152012102，未设支付密码。要求：填写汇兑结算业务委托书（见表 4-36）。

表 4-36　中国农业银行业务委托书

委托日期：　　年　　月　　日　　　　京 A00637456

银行打印														
客户打印	业务类型	□电汇　□信汇　□汇票申请书　□本票申请书 其他________			汇款方式		□普通 □加急							
	委托人	全称		收款人	全称									
		账号或地址			账号或地址									
		开户行名称			开户行名称									
		开户银行			开户银行									
	金额（大写）人民币			亿	千	百	十	万	千	百	十	元	角	分
	支付密码			上列款项及相关费用请从我账户内支付 委托人签章：										
	加急汇款签字													
	用途													
	附加信息及用途													

事后监督：　　　　会计主管：　　　　复核：　　　　记账：

项目二　汇兑结算收款业务

学习目标

能正确完成汇兑结算收款业务的账务处理

工作任务

永丰有限责任公司向润成有限责任公司销售价值 234 000 元的商品一批，商品已发运，采用电汇方式划款，合同号码为 2011028。永丰有限责任公司于 2015 年 4 月 15 日收到开户银行资金汇划补充凭证（见表 4-37）。

表 4-37　资金汇划补充凭证

中国农业银行　　资金汇划补充凭证（贷方回单）

收报日期：2015-4-15

行名　农行北京阜成支行

业务种类：汇兑

收款人账号：30020067124088　　付款人账号：6987340152012235

收款人户名：永丰有限责任公司

付款人户名：润成有限责任公司

大写金额：人民币贰拾叁万肆仟元整

小写金额：¥234 000.00

发报流水号：004030109　　收款流水号：005172669

发报行行号：25120038　　收报行行号：230458

发报行行名：建行苏州市劳动路支行

打印日期：2015-4-15

用途　购货款　　付款类型：非延期付款

客户留言：

银行附言

中国农业银行北京阜成支行
2015年4月15日
转讫

业务办理流程

1. 开户银行通知收款人收款或进账

收款人开户银行在办理了资金划拨后，通知收款人汇款已到，收款人办理进账或取款，具体分以下四种情况。

情况一，在银行开立存款账户的收款人，收到银行转来的资金汇划补充凭证时，要认真核对以下内容：收款人是否为本单位；名称和账号是否与本单位一致；金额是否正确；汇款用途是否正确；汇入行是否加盖了银行业务印章。

情况二，未在银行开立存款账户的收款人，信、电汇的取款通知为“留行待取”的，在向汇入银行支取款项时，必须执行如下操作：交验本人的身份证；在信汇、电汇凭证上注明证件名称、号码及发证机关；在“收款人签章”处签章。

情况三，收款人需要转账支付的，应按照下列程序进行：原收款人填制支票凭证，向银行交验本人身份证，办理转账。值得注意的是，该账户的款项只能转入单位或个体工商户的存款账户，严禁转入储蓄和信用卡账号。

情况四，信汇、电汇凭证上如有按照规定填明“现金”字样，收款人可以在汇入银行支取现金。具体遵循以下步骤：收款人向汇入银行递交资金汇划补充凭证和身份证等有效证件，汇入银行审核无误后，一次性办理现金支付手续。未填明“现金”字样，需要支取现金的，由汇入银行按照国家现金规定审查支付。

小知识　**汇兑结算的基本规定**

（1）汇兑结算没有起点的限制，即无论金额多少都可以办理信汇和电汇结算。

（2）支取现金的规定。个体经济户和个人需要在汇入行支取现金的，应在信汇、电汇凭证“汇款金额”大写栏，先填写“现金”字样，后填写汇款金额。

（3）留行待取的规定。汇款人将款项汇往异地需要派人领取的，办理汇款时，应在签发的汇兑凭证各联的“收款人账号或地址栏”注明“留行待取”字样。

（4）分次支取规定。若汇出款需要分次支取的，要向汇入银行说明分次支取的原因和情况，经汇入银行同意，以收款人名义设立临时存款账户，该账户只付不收，结清为止，不计利息。

（5）转汇的规定。收款人如需将汇款转到另一地点，应在汇入银行重新办理汇款手续，转汇时收款人和用途不得改变，汇入银行必须在信汇、电汇凭证上加盖“转汇”戳记。

（6）退汇的规定。汇款人对汇出银行尚未汇出的款项可以申请撤销；对汇出银行已经汇出的款项可以申请退汇。汇入银行对于收款人拒绝接受的汇款，应立即办理退汇。汇入银行对于向收款人发出收款通知2个月后仍无法交付的汇款，应主动办理退汇。

2. 编制记账凭证

经核对无误，制单人员李明根据开户行的“资金汇划补充凭证”联编制记账凭证（见表4-38），并交予会计蒋晓霞审核。

表 4-38　记账凭证

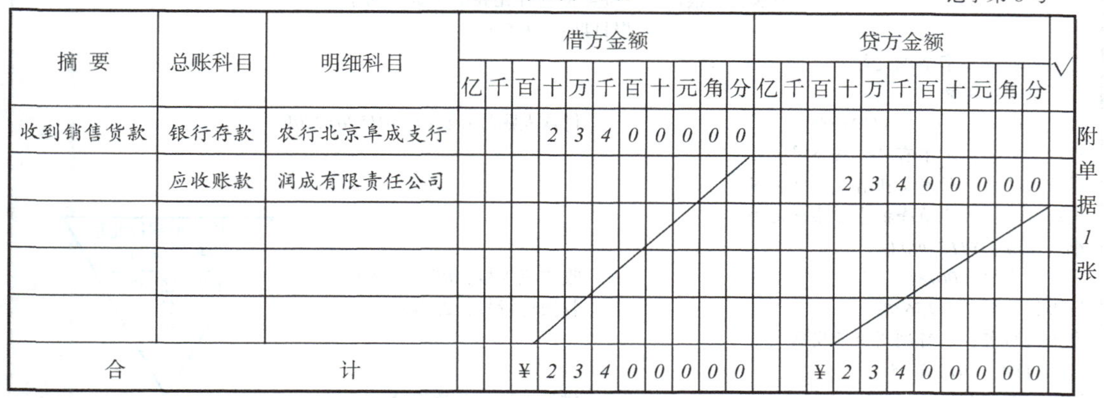

2015 年 4 月 15 日　　　　记字第 8 号

摘要	总账科目	明细科目	借方金额											贷方金额											√
			亿	千	百	十	万	千	百	十	元	角	分	亿	千	百	十	万	千	百	十	元	角	分	
收到销售货款	银行存款	农行北京阜成支行				2	3	4	0	0	0	0	0												
	应收账款	润成有限责任公司															2	3	4	0	0	0	0	0	
合		计			¥	2	3	4	0	0	0	0	0			¥	2	3	4	0	0	0	0	0	

附单据 1 张

会计主管：张云　　记账：　　审核：蒋晓霞　　制单：李明

3. 登记银行存款日记账

出纳人员曾丽根据审核无误的记账凭证，序时登记银行存款日记账（见表 4-39），同时在记账凭证中“记账”栏画上记账符号“√”。

表 4-39　银行存款日记账

开户行名称：农行北京阜成支行

15 年		凭证		摘要	对方科目	借方									贷方									余额								
月	日	字	号			百	十	万	千	百	十	元	角	分	百	十	万	千	百	十	元	角	分	百	十	万	千	百	十	元	角	分
4	1			月初余额																				1	1	8	0	0	0	0	0	0
4	1	记	2	支付维修费													1	0	0	0	0	0	0	1	1	7	0	0	0	0	0	0
4	2	记	3	收到前欠款项				5	0	0	0	0	0	0										1	2	2	0	0	0	0	0	0
4	5	记	4	申请银行本票													7	5	0	0	0	0	0	1	1	4	5	0	0	0	0	0
4	10	记	5	收到销售款			1	1	7	0	0	0	0	0										1	2	6	2	0	0	0	0	0
4	13	记	6	支付汇兑费用																1	0	5	0	1	2	6	1	9	8	9	5	0
4	13	记	7	支付购货款													8	9	5	0	0	0	0	1	1	7	2	4	8	9	5	0
4	15	记	8	收到销售款			2	3	4	0	0	0	0	0										1	4	0	6	4	8	9	5	0

上岗一试

永丰有限责任公司向科龙工业有限责任公司销售价值 117 000 元的商品一批，商品已发运，采用信汇方式划款。永丰有限责任公司于 2015 年 8 月 15 日收到开户银行资金汇划补充凭证（见表 4-40）。要求：编制记账凭证（见表 4-41）。

表 4-40　资金汇划补充凭证

中国农业银行　　资金汇划补充凭证（贷方回单）

收报日期：2015-8-15

行名：农行北京阜成支行

业务种类：汇兑

收款人账号：30020067124088　　　　付款人账号：8765440152012209

收款人户名：永丰有限责任公司

付款人户名：科龙工业有限责任公司

大写金额：人民币壹拾壹万柒仟元整

小写金额：¥117 000.00

发报流水号：007865123　　　　收款流水号：005172669

发报行行号：25156783　　　　收报行行号：230458

发报行行名：农行湖州市开发区支行

打印日期：2015-8-15

用途：购货款　　　　付款类型：非延期付款

客户留言：

银行附言

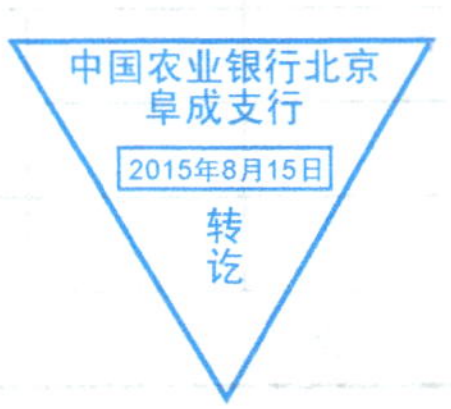

表 4-41　记账凭证

年　月　日　　　　　　记字第　号

摘要	总账科目	明细科目	借方金额											贷方金额											√
			亿	仟	百	十	万	千	百	十	元	角	分	亿	仟	百	十	万	千	百	十	元	角	分	
合		计																							

附单据　张

会计主管：　　　　记账：　　　　审核：　　　　制单：

模块四　委托收款结算业务

项目一　委托收款结算收款业务

学习目标

1. 能正确填写托收凭证

2. 能正确进行委托收款结算收款业务的账务处理

工作任务

2015年4月18日，永丰有限责任公司出售给长江电器厂甲产品一批，发票价200 000元，增值税34 000元，长江电器厂的账号为33011440723582，开户银行为农行北京通州区支行。2015年4月20日，永丰有限责任公司收到开户银行的收款通知，收到长江电器厂支付的2015年4月18日购货款。

业务办理流程

1 填写托收凭证

收款人办理委托收款时，应向银行填写委托收款的托收凭证（见表4-42，表4-43），将托收凭证连同商业汇票、水电费结算单、话费单、债券投资证明等债务证明一并交开户银行办理。

小知识 委托收款结算

委托收款结算是收款人委托银行向付款人收取款项的一种结算方式，同城和异地结算均可使用。委托收款结算业务适用于在银行或其他金融机构开立账户的单位和个体经济户的商品交易；公共事业单位向用户收取水电费、电话费等劳务款项及其他应收款。按照委托收款结算款的划回方式不同，可以分为邮划和电划。

表4-42 中国农业银行托收凭证（受理回单）1

No：1008041811　　　委托日期：*2015*年*4*月*18*日

业务类型	委托收款（☑邮划、☐电划）				委托承付（☐邮划、☐电划）										
付款人	全称	长江电器厂			收款人	全称	永丰有限责任公司								
	账号	*33011440723582*				账号	*30020067124088*								
	地址	北京市	开户行	农行北京通州区支行		地址	北京市	开户行	农行北京阜成支行						
金额	人民币（大写）贰拾叁万肆仟元整				亿	千	百	十	万	千	百	十	元	角	分
							¥	*2*	*3*	*4*	*0*	*0*	*0*	*0*	*0*
款项内容	货款	托收凭证名称	销售发票		寄附单证张数	*2*									
商品发运情况	已发送		合同名称号码		*20153015*										
备注： 复核　　记账			款项收妥日期 年　月　日			收款人开户银行签章 年　月　日									

此联作收款人开户银行给收款人的受理回单

表 4-43　中国农业银行托收凭证（汇款依据或收账通知）4

付款期限　年　月　日

No：1008041802　　　　委托日期：2015 年 4 月 18 日

<table>
<tr><td>业务类型</td><td colspan="4">委托收款（☑邮划、☐电划）</td><td colspan="13">委托承付（☐邮划、☐电划）</td></tr>
<tr><td rowspan="3">付款人</td><td>全称</td><td colspan="3">长江电器厂</td><td rowspan="3">收款人</td><td>全称</td><td colspan="11">永丰有限责任公司</td></tr>
<tr><td>账号</td><td colspan="3">33011440723582</td><td>账号</td><td colspan="11">30020067124088</td></tr>
<tr><td>地址</td><td>北京市</td><td>开户行</td><td>农行北京通州区支行</td><td>地址</td><td>北京市</td><td>开户行</td><td colspan="9">农行北京阜成支行</td></tr>
<tr><td rowspan="2">金额</td><td colspan="4" rowspan="2">人民币（大写）贰拾叁万肆仟元整</td><td>亿</td><td>千</td><td>百</td><td>十</td><td>万</td><td>千</td><td>百</td><td>十</td><td>元</td><td>角</td><td>分</td></tr>
<tr><td></td><td></td><td>¥</td><td>2</td><td>3</td><td>4</td><td>0</td><td>0</td><td>0</td><td>0</td><td>0</td></tr>
<tr><td>款项内容</td><td>货款</td><td>托收凭证名称</td><td colspan="3">销售发票</td><td colspan="4">寄附单证张数</td><td colspan="7">2</td></tr>
<tr><td colspan="2">商品发送情况</td><td colspan="2">已发送</td><td colspan="3">合同名称号码</td><td colspan="10">20153015</td></tr>
<tr><td colspan="3">备注：

复核　　　　　　　记账</td><td colspan="5">上述款项已划回收入你方账户内

收款人开户银行签章
年　　月　　日</td><td colspan="9"></td></tr>
</table>

此联作收款人开户凭以汇款或收款人开户银行作收账通知

> **小知识　委托收款凭证**
>
> 委托收款凭证一式五联，第一联为收款人开户银行给收款人的受理回单；第二联为收款人开户银行作贷方凭证；第三联为付款人开户银行作借方凭证；第四联为付款人开户行凭以汇款或收款人开户银行作收账通知；第五联为付款人开户银行给付款人按期付款通知。

2. 银行受理托收业务

收款人开户银行审查受理后，将委托收款的托收凭证第一联受理回单加盖银行业务受理章后退回收款人。收款人开户银行将有关单证寄交付款人开户银行，以通知付款人。

3. 银行通知企业收款

收款人和付款人的开户银行进行凭证的传递和款项划转后，由收款人开户银行向收款人寄发委托收款的托收凭证第四联收账通知，通知其办理收款。

4. 编制记账凭证

制单人员李明根据委托收款的托收凭证第四联收账通知编制记账凭证（见表 4-44），并交予会计蒋晓霞审核。

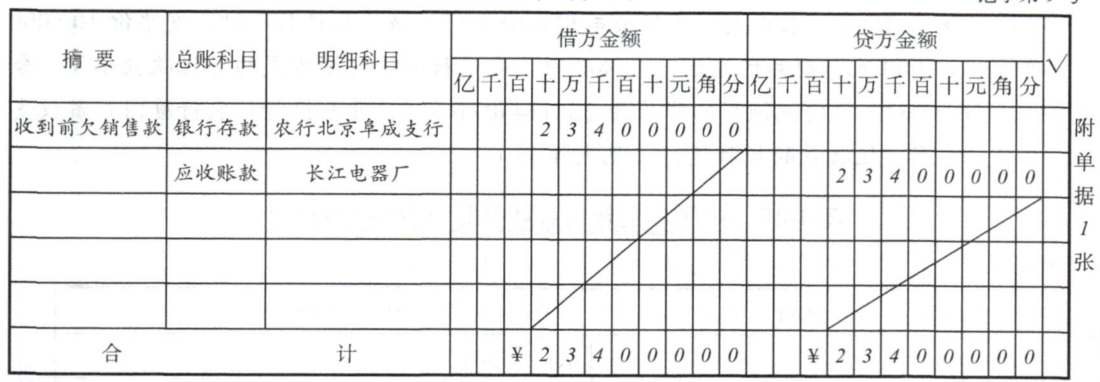

表 4-44　记账凭证

2015 年 4 月 18 日　　　　记字第 9 号

摘 要	总账科目	明细科目	借方金额											贷方金额											√
			亿	千	百	十	万	千	百	十	元	角	分	亿	千	百	十	万	千	百	十	元	角	分	
收到前欠销售款	银行存款	农行北京阜成支行				2	3	4	0	0	0	0	0												
	应收账款	长江电器厂															2	3	4	0	0	0	0	0	
合		计			¥	2	3	4	0	0	0	0	0			¥	2	3	4	0	0	0	0	0	

附单据 1 张

会计主管：张云　　记账：　　审核：蒋晓霞　　制单：李明

5　登记银行存款日记账

出纳人员曾丽根据审核无误的记账凭证，序时登记银行存款日记账（见表 4-45），同时在记账凭证中“记账”栏画上记账符号“√”。

表 4-45　银行存款日记账

开户行名称：农行北京阜成支行

15 年		凭证		摘 要	对方科目	借 方									贷 方									余 额								
月	日	字	号			百	十	万	千	百	十	元	角	分	百	十	万	千	百	十	元	角	分	百	十	万	千	百	十	元	角	分
4	1			月初余额																				1	1	8	0	0	0	0	0	0
4	1	记	2	支付维修费													1	0	0	0	0	0	0	1	1	7	0	0	0	0	0	0
4	2	记	3	收到前欠款项				5	0	0	0	0	0	0										1	2	2	0	0	0	0	0	0
4	5	记	4	申请银行本票													7	5	0	0	0	0	0	1	1	4	5	0	0	0	0	0
4	10	记	5	收到销售款			1	1	7	0	0	0	0	0										1	2	6	2	0	0	0	0	0
4	13	记	6	支付汇兑费用																1	0	5	0	1	2	6	1	9	8	9	5	0
4	13	记	7	支付购货款													8	9	5	0	0	0	0	1	1	7	2	4	8	9	5	0
4	15	记	8	收到销售款			2	3	4	0	0	0	0	0										1	4	0	6	4	8	9	5	0
4	18	记	9	收到前欠销售款			2	3	4	0	0	0	0	0										1	6	4	0	4	8	9	5	0

上岗一试

2015 年 8 月 18 日，永丰有限责任公司出售给厦门机械厂乙产品一批，发票价 100 000 元，增值税 17 000 元，商品已发送，全部款项已向银行办妥电划方式的委托收款手续。合同号码为 2015067，厦门机械厂的账号为 33011440716829，开户银行：农行厦门市解放支行。要求：填写委托收款的托收凭证（见表 4-46）。

表 4-46 中国农业银行托收凭证（受理回单）1

No：1208041555　　　　委托日期：　年　月　日

<table>
<tr><td colspan="2">业务类型</td><td colspan="3">委托收款（□邮划、□电划）</td><td colspan="13">委托承付（□邮划、□电划）</td></tr>
<tr><td rowspan="3">付款人</td><td>全称</td><td colspan="3"></td><td rowspan="3">收款人</td><td colspan="2">全称</td><td colspan="10"></td></tr>
<tr><td>账号</td><td colspan="3"></td><td colspan="2">账号</td><td colspan="10"></td></tr>
<tr><td>地址</td><td></td><td>开户行</td><td></td><td colspan="2">地址</td><td colspan="4"></td><td colspan="3">开户行</td><td colspan="3"></td></tr>
<tr><td rowspan="2">金额</td><td colspan="4" rowspan="2">人民币（大写）</td><td>亿</td><td>千</td><td>百</td><td>十</td><td>万</td><td>千</td><td>百</td><td>十</td><td>元</td><td>角</td><td>分</td></tr>
<tr><td></td><td></td><td></td><td></td><td></td><td></td><td></td><td></td><td></td><td></td><td></td></tr>
<tr><td colspan="2">款项内容</td><td></td><td>托收凭证名称</td><td colspan="4"></td><td colspan="4">附寄单证张数</td><td colspan="5"></td></tr>
<tr><td colspan="2">商品发送情况</td><td colspan="2"></td><td colspan="5">合同名称号码</td><td colspan="8"></td></tr>
<tr><td colspan="3">备注：

复核　　　　记账</td><td colspan="6">上述款项已划回收入你方账户内

收款人开户银行签章
年　月　日</td><td colspan="8"></td></tr>
</table>

此联作收款人开户银行给收款人的受理回单

项目二　委托收款结算付款业务

学习目标

1. 能正确审核托收凭证
2. 能正确填写委托收款结算全部或部分拒绝付款理由书
3. 能正确填写应付款项证明书
4. 能正确进行委托收款结算付款业务的账务处理

工作任务 1

2015 年 4 月 24 日，收到银行转来的托收凭证（付账通知）（见表 4-47）和水费缴纳通知书（见表 4-48），支付水费 2 260 元。

表 4-47　中国农业银行托收凭证（付账通知）5

No：3208041880　　委托日期：2015 年 4 月 24 日　　付款期限 2015 年 4 月 28 日

<table>
<tr><td colspan="2">业务类型</td><td colspan="3">委托收款（☑邮划、☐电划）</td><td colspan="13">委托承付（☐邮划、☐电划）</td></tr>
<tr><td rowspan="3">付款人</td><td>全称</td><td colspan="3">永丰有限责任公司</td><td rowspan="3">收款人</td><td>全称</td><td colspan="11">北京市水业集团有限公司营业分公司</td></tr>
<tr><td>账号</td><td colspan="3">30020067124088</td><td>账号</td><td colspan="11">746463829299273</td></tr>
<tr><td>地址</td><td>北京市</td><td>开户行</td><td>农行北京阜成支行</td><td>地址</td><td colspan="3">北京市</td><td colspan="3">开户行</td><td colspan="5">农行北京丰台支行</td></tr>
<tr><td rowspan="2">金额</td><td colspan="4" rowspan="2">人民币（大写）贰仟贰佰陆拾元整</td><td>亿</td><td>千</td><td>百</td><td>十</td><td>万</td><td>千</td><td>百</td><td>十</td><td>元</td><td>角</td><td>分</td></tr>
<tr><td></td><td></td><td></td><td></td><td>¥</td><td>2</td><td>2</td><td>6</td><td>0</td><td>0</td><td>0</td></tr>
<tr><td colspan="2">款项内容</td><td>水费</td><td>托收凭证名称</td><td colspan="4">销售发票</td><td colspan="4">附寄单证张数</td><td colspan="6">1</td></tr>
<tr><td colspan="2">商品发送情况</td><td colspan="2">—</td><td colspan="4">合同名称号码</td><td colspan="10">—</td></tr>
<tr><td colspan="3">备注：
上月水费

付款人开户银行收到日期
年　月　日
复核　　记账</td><td colspan="6">中国农业银行北京阜成支行
2015年4月25日
转讫

付款人开户银行签章
2015 年 4 月 25 日</td><td colspan="9">付款人注意：
1．根据支付结算办法，上列委托收款（托收承付）款项在付款期限内未提出拒付，即视为同意付款，以此代付款通知
2．如需要提出全部或部分拒付，应在规定期限内，将拒绝付款理由书并附债务证明退交开户银行</td></tr>
</table>

此联付款人开户银行给付款人按期付款通知

表 4-48　北京市水业集团有限公司营业分公司

水费缴纳通知书

抄表日期：2015 年 4 月 15 日　　票号：021025712098

户名	永丰有限责任公司	户号	77087
位置	北京阜成路 88 号	口径	20
上次抄见	1 578 立方米		
本次抄见	2 578 立方米	本次实用	1 000 立方米
单价	¥2.26 元/立方米	金额	¥2 260.00
备注：			

业务办理流程

1. 审核委托收款凭证

付款人开户银行接到收款人开户银行寄来的委托收款的托收凭证，经审核无误，应及时通知付款人。付款人应认真审核接到的付款通知和有关附件，审查的主要内容包括：委托收款凭证是否应由本单位受理；凭证和所附有关单证的内容是否齐全正确；委托收款金额和实际应付金额是否一致；承付期限是否到期。

小知识 委托收款结算的基本规定

（1）委托收款不受金额起点限制。

（2）委托收款的付款期为 3 天，从付款人开户银行发出付款通知的次日算起，付款期内遇节假日可以顺延。

（3）付款人审查有关债务证明后，对收款人委托收款的款项需要拒绝付款的，填制“委托收款结算全部/部分拒付理由书”交银行审查后，可以办理拒绝付款。

（4）付款人在付款期满日，银行营业终了前无款支付的，将有关单证退回银行转交收款人。

2. 通知开户行付款

付款人审核无误后，应在规定的付款期限内付款。委托收款的付款期为 3 天，从付款人开户银行发出付款通知的次日算起（付款期内遇节假日顺延），付款人在付款期内未向银行提出异议，银行视同付款。付款人同意付款的，银行应在付款期期满的次日（遇节假日顺延）将款项划拨给收款人。如在付款期满前，付款人通知银行提前付款，银行应办理划款。

3. 编制记账凭证

制单人员李明根据托收凭证的第五联编制记账凭证（见表 4-49），并交予会计蒋晓霞审核。

4. 登记银行存款日记账

出纳人员曾丽根据审核无误的记账凭证，序时登记银行存款日记账（见表 4-50），同时在记账凭证中“记账”栏画上记账符号“√”。

表 4-49 记账凭证

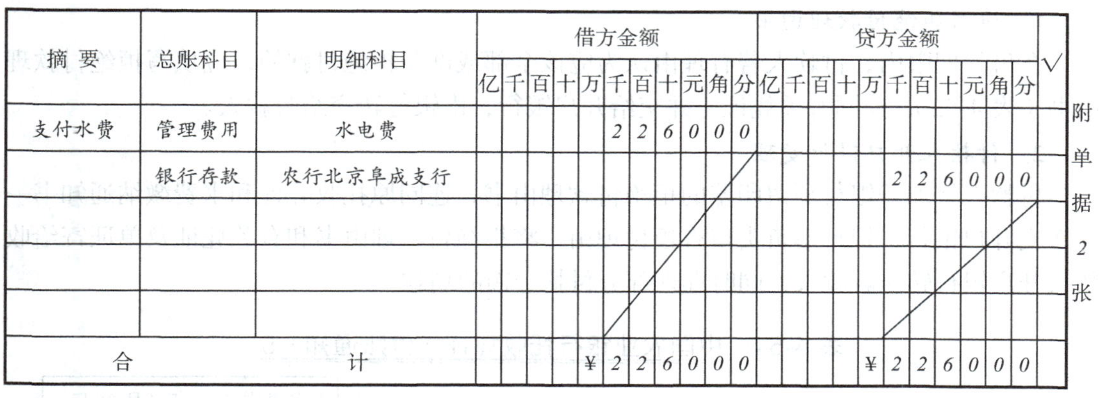

2015 年 4 月 24 日　　　　记字第 10 号

摘要	总账科目	明细科目	借方金额											贷方金额											√
			亿	千	百	十	万	千	百	十	元	角	分	亿	千	百	十	万	千	百	十	元	角	分	
支付水费	管理费用	水电费						2	2	6	0	0	0												
	银行存款	农行北京阜成支行																	2	2	6	0	0	0	
合　计							¥	2	2	6	0	0	0					¥	2	2	6	0	0	0	

附单据 2 张

会计主管：张云　　记账：　　审核：蒋晓霞　　制单：李明

表 4-50 银行存款日记账

开户行名称：农行北京阜成支行

15 年		凭证		摘要	对方科目	借方									贷方									余额								
月	日	字	号			百	十	万	千	百	十	元	角	分	百	十	万	千	百	十	元	角	分	百	十	万	千	百	十	元	角	分
4	1			月初余额																				1	1	8	0	0	0	0	0	0
4	1	记	2	支付维修费													1	0	0	0	0	0	0	1	1	7	0	0	0	0	0	0
4	2	记	3	收到前欠款项				5	0	0	0	0	0	0										1	2	2	0	0	0	0	0	0
4	5	记	4	申请银行本票													7	5	0	0	0	0	0	1	1	4	5	0	0	0	0	0
4	10	记	5	收到销售款			1	1	7	0	0	0	0	0										1	2	6	2	0	0	0	0	0
4	13	记	6	支付汇兑费用																1	0	5	0	1	2	6	1	9	8	9	5	0
4	13	记	7	支付购货款													8	9	5	0	0	0	0	1	1	7	2	4	8	9	5	0
4	15	记	8	收到销售款			2	3	4	0	0	0	0	0										1	4	0	6	4	8	9	5	0
4	18	记	9	收到前欠销售款			2	3	4	0	0	0	0	0										1	6	4	0	4	8	9	5	0
4	24	记	10	支付水费														2	2	6	0	0	0	1	6	3	8	2	2	9	5	0

工作任务 2

2015 年 4 月 25 日，永丰有限责任公司收到银行转来托收凭证（付账通知）（见表 4-51）和水费缴纳通知书，支付水费 2 260 元。付款人审查有关单据后，发现水费缴纳通知书上缴纳金额和托收凭证上的收款金额不符。为此付款人于 4 月 26 日提出部分拒付的申请。

业务办理流程

1. 填写拒绝付款理由书

在付款期限内，付款人若有理由认为应该全部或部分拒绝付款的，应填写拒绝付款理由书（表 4-52），连同有关凭证一并交给开户银行，由银行转交给收款人。

2. 付款人开户银行受理

付款人将加盖银行预留印鉴的拒绝付款理由书，连同原托收凭证和水费缴纳通知书一并送交开户银行，银行不负责审查拒付理由，将拒绝付款理由书和有关凭证及单证寄给收款人开户银行转交收款人，同时办理部分付款金额的划款。

表 4-51 中国农业银行托收凭证（付账通知）5

付款期限 *2015* 年 *4* 月 *28* 日

No：3208041881　　　　委托日期：*2015* 年 *4* 月 *25* 日

业务类型	委托收款（☑邮划、☐电划）			委托承付（☐邮划、☐电划）			
付款人 全称	永丰有限责任公司			收款人 全称	北京市水业集团有限公司营业分公司		
账号	*30020067124088*			账号	*746463829299273*		
地址	北京市	开户行	农行北京市阜成支行	地址	北京市	开户行	农行北京市丰台支行

金额	亿	千	百	十	万	千	百	十	元	角	分
人民币（大写）贰仟陆佰元整					¥	2	6	0	0	0	0

款项内容	水费	托收凭证名称	销售发票	附寄单证张数	*1*
商品发送情况	—	合同名称号码	—		

备注： 上月水费 付款人开户银行收到日期 年　月　日 复核　　记账	中国农业银行北京阜成支行 2015年4月25日 转讫 付款人开户银行签章 *2015* 年 *4* 月 *25* 日	付款人注意： 1. 根据支付结算办法，上列委托收款（托收承付）款项在付款期限内未提出拒付，即视为同意付款，以此代付款通知 2. 如需要提出全部或部分拒付，应在规定期限内，将拒绝付款理由书并附债务证明退交开户银行

此联付款人开户银行给付款人按期付款通知

表 4-52 托收承付全部

委托收款结算部分拒绝付款理由书（回单或付款通知）1

拒付日期：2015 年 4 月 26 日　　原托收号码：965433345

付款人	全称	永丰有限责任公司	收款人	全称	北京市水业集团有限公司营业分公司
	账号	30020067124088		账号	746463829299273
	开户银行	农行北京市阜成支行		开户银行	农行北京市丰台支行

托收金额	拒付金额	亿	千	百	十	万	千	百	十	元	角	分
¥2 600.00	¥340.00					¥	2	2	6	0	0	0

附寄单据	2 张	部分付款的金额（大写）	人民币贰仟陆佰元整
拒付理由： 水费缴纳通知书上缴纳金额和托收凭证上的收款金额不符。 永丰有限责任公司 财务专用章　印 杨军 付款人签章			

指托收凭证（付款通知）和水费缴纳通知书

此联银行给付款人的回单或付款通知

工作任务 3

2015 年 4 月 25 日，永丰有限责任公司收到银行转来的托收凭证（付账通知，表 4-53）和水费缴纳通知书，支付水费 2 260 元。付款人在付款期满日，银行营业终了前无款足额支付全部款项，并且有关单证已做账务处理。

表 4-53　中国农业银行托收凭证（付账通知）5

No：965433344　　委托日期：2015 年 4 月 25 日　　付款期限 2015 年 4 月 28 日

业务类型	委托收款（☑邮划、☐电划）				委托承付（☐邮划、☐电划）			
付款人	全称	永丰有限责任公司			收款人	全称	北京市水业集团有限公司营业分公司	
	账号	30020067124088				账号	746463829299273	
	地址	北京市	开户行	农行北京阜成支行		地址	北京市	开户行 农行北京市三台支行

金额	人民币（大写）贰仟贰佰陆拾元整	亿	千	百	十	万	千	百	十	元	角	分
						¥	2	2	6	0	0	0

款项内容	水费	托收凭证名称	销售发票	寄附单证张数	1
商品发送情况	—	合同名称号码	—		

备注： 上月水费 付款人开户银行收到日期 年　月　日 复核　　记账	中国农业银行北京阜成支行 2015年4月25日 转讫 付款人开户银行签章 2015 年 4 月 25 日	付款人注意： 1. 根据支付结算办法，上列委托收款（托收承付）款项在付款期限内未提出拒付，即视为同意付款，以此代付款通知。 2. 如需要提出全部或部分拒付，应在规定期限内，将拒绝付款理由书并附债务证明退交开户银行。

此联付款人开户银行给付款人按期付款通知

业务办理流程

1. 填写应付款项证明书

付款人在付款期满日，银行营业终了前无足够资金支付全部款项，即为无款支付。付款企业应将有关单证及时退回银行；若单证已做账务处理的，付款人可填制应付款项证明书（见表 4-54），并将此证明书退回付款人开户银行。

表 4-54 应付款项证明书

2015 年 4 月 28 日

收款人名称	北京市水业集团有限公司营业分公司	付款人名称	永丰有限责任公司
单证名称	托收凭证第五联	单证编号	3208041880
单证日期	2015 年 4 月 25 日	单证内容	水费缴款通知书
单证未退回原因： 单证已经入账		我单位应付款项： 人民币（大写）贰仟贰佰陆拾元整 永丰有限责任公司 财务专用章 杨军印	

2. 付款人开户银行受理

付款人开户银行在付款期满后次日起两天内，将有关结算凭证连同单证或应付款项证明书一并退回收款人开户银行转交收款人。

付款人过期不退单证的，开户银行应按照委托收款的金额自发出通知的第 3 天起，每天处以 0.05%但不低于 50 元的罚金，并暂时终止付款人委托银行向外办理结算业务，直到退回单证为止。

上岗一试

根据托收凭证（付账通知）（见表 4-55），货到后，永丰有限责任公司发现部分货物质量不符合合同要求，故向科龙科技有限责任公司提出拒付 3 500 元要求，于 2015 年 8 月 13 日填写拒绝付款理由书，与原附寄的发票 2 张一并交给银行。附寄单据：销售发票第二联和第三联。要求：填写委托收款拒绝付款理由书（见表 4-56）。

表 4-55　中国农业银行托收凭证（付账通知）5

付款期限 2015 年 8 月 16 日

No：3208041887　　委托日期：2015 年 8 月 13 日

<table>
<tr><td>业务类型</td><td colspan="5">委托收款（☑邮划、☐电划）</td><td colspan="6">委托承付（☐邮划、☐电划）</td></tr>
<tr><td rowspan="3">付款人</td><td>全称</td><td colspan="4">永丰有限责任公司</td><td rowspan="3">收款人</td><td>全称</td><td colspan="4">科龙科技有限责任公司</td></tr>
<tr><td>账号</td><td colspan="4">30020067124088</td><td>账号</td><td colspan="4">746463829299273</td></tr>
<tr><td>地址</td><td>北京市</td><td>开户行</td><td colspan="2">农行北京市阜成支行</td><td>地址</td><td>北京市</td><td>开户行</td><td colspan="2">农行北京市香河支行</td></tr>
<tr><td>金额</td><td colspan="11">人民币（大写）贰万叁仟肆佰元整　　亿 千 百 十 万 千 百 十 元 角 分：¥ 2 3 4 0 0 0 0</td></tr>
<tr><td>款项内容</td><td>货款</td><td>托收凭证名称</td><td colspan="2">销售发票</td><td colspan="3">寄附单证张数</td><td colspan="4">2</td></tr>
<tr><td>商品发送情况</td><td colspan="4">—</td><td colspan="3">合同名称号码</td><td colspan="4">—</td></tr>
<tr><td colspan="4">备注：
上月水费

付款人开户银行收到日期
年　月　日
复核　　记账</td><td colspan="3">中国农业银行北京阜成支行
2015年8月15日
转讫

付款人开户银行签章
2015 年 8 月 15 日</td><td colspan="5">付款人注意：
1. 根据支付结算办法，上列委托收款（托收承付）款项在付款期限内未提出拒付，即视为同意付款，以此代付款通知
2. 如需要提出全部或部分拒付，应在规定期限内，将拒绝付款理由书并附债务证明退交开户银行</td></tr>
</table>

此联付款人开户银行给付款人按期付款通知

表 4-56　托收承付全部

委托收款结算部分拒绝付款理由书（回单或付款通知）1

拒付日期：　年　月　日　　原托收号码：

<table>
<tr><td rowspan="3">付款人</td><td>全称</td><td colspan="2"></td><td rowspan="3">收款人</td><td>全称</td><td></td></tr>
<tr><td>账号</td><td colspan="2"></td><td>账号</td><td></td></tr>
<tr><td>开户银行</td><td colspan="2"></td><td>开户银行</td><td></td></tr>
<tr><td>托收金额</td><td></td><td>拒付金额</td><td></td><td colspan="3">亿 千 百 十 万 千 百 十 元 角 分</td></tr>
<tr><td>附寄单据</td><td colspan="2"></td><td colspan="2">部分付款的金额（大写）</td><td colspan="2"></td></tr>
<tr><td colspan="4">拒付理由：

付款人签章</td><td colspan="3"></td></tr>
</table>

此联银行给付款人的回单或付款通知

模块五 银行汇票结算业务

项目一 银行汇票结算付款业务

学习目标

1. 能正确填写银行汇票业务委托书
2. 能正确进行银行汇票结算付款业务的账务处理

工作任务 1

2015 年 5 月 2 日，永丰有限责任公司出纳人员曾丽收到采购部张颖递交的一份关于企业采购部拟到成都明基有限责任公司采购材料的用款申请书（见表 4-57）。考虑到异地采购资金的安全和控制权等问题，出纳人员建议采购员持银行签发的银行汇票前往成都采购。

表 4-57 用款申请书

申请人	张颖	申请部门	采购部
申请用款金额	人民币拾贰万元整		
申请用款时间	*2015* 年 *5* 月 *2* 日		
申请用款用途	支付成都明基有限责任公司采购材料款		
收款人基本信息	单位名称	成都明基有限责任公司	
	开户银行	建行成都市草庐支行	
	账号	*9402282134291*	
结算方式	银行汇票		
审批人签字	杨军	申请人签字	张颖

填制日期：*2015* 年 *5* 月 *2* 日

业务办理流程

1. 填写银行汇票的业务委托书

汇款人申请办理银行汇票，应按照规定向签发银行提交“银行汇票的业务委托书”（见表 4-58），在“银行汇票的业务委托书”上逐项写明汇款人名称和账号、收款人名称和账号、兑付地点、汇款金额、汇款用途（军工产品可免填）等内容，并加盖汇款人预留银行印鉴，由银行审查后签发银行汇票。如汇款人未在银行开立账户，则可以交存现金办理汇票。

交存现金办理的汇票，需要在汇入银行支取现金的，应在业务委托书上的“汇款金额”大写栏先填写“现金”字样，后填写汇款金额，银行据以可签发现金汇票。

> **小知识　银行汇票**
>
> 银行汇票是出票银行签发的，由其在见票时按照实际结算金额无条件支付给收款人或持票人的票据。与其他银行结算方式相比，银行汇票结算具有适用范围广、信用度高、安全可靠、使用灵活、适应性强和结算准确的优点。

表 4-58　中国农业银行业务委托书

委托日期：*2015* 年 *5* 月 *2* 日　　　　京 A00637389

<table>
<tr><td>银行打印</td><td colspan="16"></td></tr>
<tr><td rowspan="10">客户打印</td><td colspan="2">业务类型</td><td colspan="8">□电汇　□信汇　☑汇票申请书　□本票申请书
其他________</td><td colspan="3">汇款方式</td><td colspan="3">□普通
□加急</td></tr>
<tr><td rowspan="4">委托人</td><td>全称</td><td>永丰有限责任公司</td><td rowspan="4">收款人</td><td colspan="3">全称</td><td colspan="9">成都明基有限责任公司</td></tr>
<tr><td>账号或地址</td><td>30020067124088</td><td colspan="3">账号或地址</td><td colspan="9">9402282134291</td></tr>
<tr><td>开户行名称</td><td>农行北京市阜成支行</td><td colspan="3">开户行名称</td><td colspan="9">建行成都市草庐支行</td></tr>
<tr><td>开户银行</td><td>北京市</td><td colspan="3">开户银行</td><td colspan="9">四川省成都市</td></tr>
<tr><td colspan="3" rowspan="2">金额（大写）人民币壹拾贰万元整</td><td>亿</td><td>千</td><td>百</td><td>十</td><td>万</td><td>千</td><td>百</td><td>十</td><td>元</td><td>角</td><td>分</td><td></td><td></td></tr>
<tr><td></td><td></td><td>¥</td><td>1</td><td>2</td><td>0</td><td>0</td><td>0</td><td>0</td><td>0</td><td>0</td><td></td><td></td></tr>
<tr><td colspan="2">支付密码</td><td></td><td colspan="13" rowspan="3">上列款项及相关费用请从我账户内支付

委托人签章：（印章：永丰有限责任公司 财务专用章）（印章：杨军印）</td></tr>
<tr><td colspan="2">加急汇款签字</td><td></td></tr>
<tr><td colspan="2">用途</td><td>购货款</td></tr>
<tr><td></td><td colspan="3">附加信息及用途</td><td colspan="13"></td></tr>
</table>

事后监督：　　　会计主管：　　　复核：　　　记账：

2. 编制记账凭证

制单人员李明根据受理银行退回的银行本票的业务委托书第三联回单联，编制记账凭证（见表 4-59），并交予会计蒋晓霞审核。

表 4-59 记账凭证

2015 年 5 月 2 日 记字第 11 号

摘 要	总账科目	明细科目	借方金额											贷方金额											√
			亿	千	百	十	万	千	百	十	元	角	分	亿	千	百	十	万	千	百	十	元	角	分	
申请签发银行汇票	其他货币资金	银行汇票存款				1	2	0	0	0	0	0	0												
	银行存款	农行北京阜成支行															1	2	0	0	0	0	0	0	
合		计			¥	1	2	0	0	0	0	0	0			¥	1	2	0	0	0	0	0	0	

附单据 1 张

会计主管：张云 记账： 审核：蒋晓霞 制单：李明

3. 登记银行存款日记账

出纳人员曾丽根据审核无误的记账凭证，序时登记银行存款日记账（见表 4-60），同时在记账凭证中“记账”栏画上记账符号“√”。

表 4-60 银行存款日记账

开户行名称：农行北京阜成支行

15 年		凭证		摘 要	对方科目	借 方									贷 方									余 额								
月	日	字	号			百	十	万	千	百	十	元	角	分	百	十	万	千	百	十	元	角	分	百	十	万	千	百	十	元	角	分
5	1			月初余额																				1	6	3	8	2	2	9	5	0
5	2	记	11	申请签发银行汇票												1	2	0	0	0	0	0	0	1	5	1	8	2	2	9	5	0

4. 银行签发银行汇票

签发银行受理“银行本票的业务委托书”，经过核对“银行本票的业务委托书”内容和印鉴，并在办妥转账或收妥现金之后，即可向申请人签发转账或支取现金的银行汇票（见表 4-61，表 4-62，表 4-63，表 4-64），并将汇票（第二联）和解讫通知（第三联）交申请人。

小知识 银行汇票

银行汇票一式四联，第一联为卡片，此联是出票行结清汇票时作汇出汇款借方凭证；第二联为银行汇票，此联是代理付款行付款后作联行往来账借方凭证附件；第三联为解讫通知，此联是代理付款行兑付后随报单寄出票行，由出票行作多余款贷方凭证；第四联为多余款通知，此联是出票行结清多余款后交申请人。

表4-61 银行汇票第一联

中 国 农 业 银 行

付款期限 壹个月

银行汇票（卡片） 1 第0056743号

出票日期（大写）贰零壹伍年伍月零贰日

代理付款行：建行成都市草庐支行 行号：400468

收款人：成都明基有限责任公司	账号：9402282134291									
出票金额人民币（大写）壹拾贰万元整										
实际结算金额人民币（大写）	千	百	十	万	千	百	十	元	角	分

申请人：永丰有限责任公司 账号或住址：30020067124088

出票行：农业银行北京市阜成支行 行号：230458

备注：购材料

复核 记账

复核 记账

此联出票行结清汇票时作汇出汇款借方凭证

表 4-62 银行汇票第二联

<table>
<tr><td colspan="11">中 国 农 业 银 行</td></tr>
<tr><td>付款期限
壹个月</td><td colspan="6">银行汇票 2</td><td colspan="4">第 0056743 号</td></tr>
<tr><td colspan="6">出票日期（大写）贰零壹伍年伍月零贰日</td><td colspan="5">代理付款行：建行成都市草庐支行 行号：400468</td></tr>
<tr><td colspan="6">收款人：成都明基有限责任公司</td><td colspan="5">账号：9402282134291</td></tr>
<tr><td colspan="11">出票金额人民币（大写）壹拾贰万元整</td></tr>
<tr><td rowspan="2">实际结算金额人民币（大写）</td><td>千</td><td>百</td><td>十</td><td>万</td><td>千</td><td>百</td><td>十</td><td>元</td><td>角</td><td>分</td></tr>
<tr><td></td><td></td><td></td><td></td><td></td><td></td><td></td><td></td><td></td><td></td></tr>
<tr><td colspan="6">申请人：永丰有限责任公司</td><td colspan="5">账号或住址：30020067124088</td></tr>
<tr><td colspan="11">出票行：农业银行北京市阜成支行
行号：230458
备注：购材料
凭票付款
出票签章
2015 年 5 月 2 日</td></tr>
</table>

此联代理付款行付款后作联行往账借方凭证附件

密押：										
多余金额										
千	百	十	万	千	百	十	元	角	分	复核 记账

（印章：中国农业银行 北京阜成支行 票据专用章）

表 4-63 银行汇票第二联（背面）

被背书人	被背书人
背书人签章 年 月 日	背书人签章 年 月 日

持票人向银行

提示付款签章

身份证件名称：　　　　发证机关：

号码：

表 4-64 银行汇票第三联

中 国 农 业 银 行

付款期限 壹个月

银行汇票（解讫通知） 3 第 0056743 号

出票日期（大写）贰零壹伍年伍月零贰日

代理付款行：建行成都市草庐支行 行号：400468

收款人：成都明基有限责任公司	账号：9402282134291
出票金额人民币（大写）壹拾贰万元整	

实际结算金额人民币（大写）	千	百	十	万	千	百	十	元	角	分

申申请人：永丰有限责任公司　　账号或住址：30020067124088

出票行：农业银行北京市阜成支行

行号：230458

备注：购材料

凭票付款

出票签章

密押：										
多余金额										
千	百	十	万	千	百	十	元	角	分	
										复核　　记账

此联代理付款行兑付后随报单寄给出票行，由出票行作多余款贷方凭证

5. 持往异地办理结算

申请人持银行汇票（第二联）和解讫通知（第三联）向收款人办理结算。

工作任务 2

2015 年 5 月 7 日，永丰有限责任公司采购部张颖采购 A 材料归来，向财务部上交成都明基有限责任公司开具的增值税专业发票，同时收到银行汇票签发行转来的多余款收账通知（见表 4-65）。

表 4-65 多余款收账通知

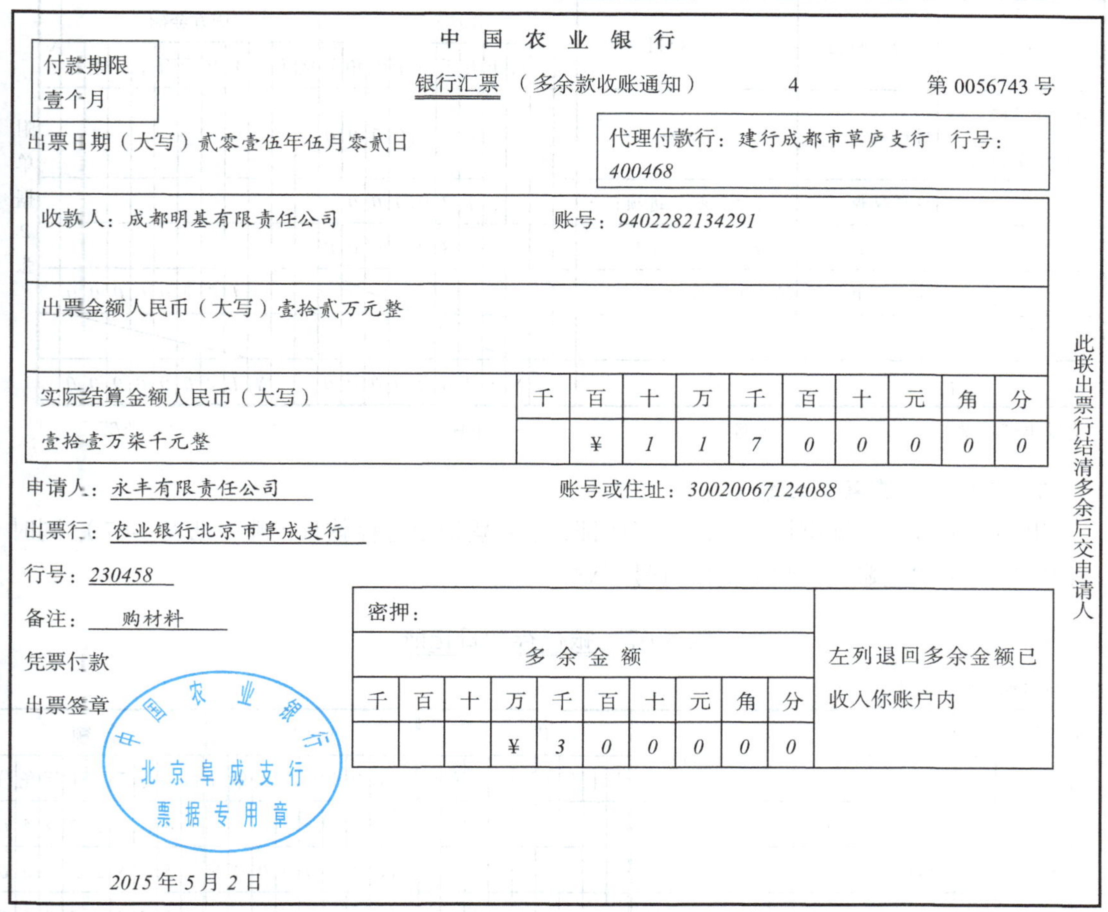

中 国 农 业 银 行

付款期限 壹个月

银行汇票（多余款收账通知） 4 第 0056743 号

出票日期（大写）贰零壹伍年伍月零贰日

代理付款行：建行成都市草庐支行 行号：400468

收款人：成都明基有限责任公司 账号：9402282134291

出票金额人民币（大写）壹拾贰万元整

实际结算金额人民币（大写）	千	百	十	万	千	百	十	元	角	分
壹拾壹万柒千元整		¥	1	1	7	0	0	0	0	0

申请人：永丰有限责任公司 账号或住址：30020067124088

出票行：农业银行北京市阜成支行

行号：230458

备注：购材料

凭票付款

出票签章

中国农业银行北京阜成支行票据专用章

2015年5月2日

密押：

多余金额									
千	百	十	万	千	百	十	元	角	分
			¥	3	0	0	0	0	0

左列退回多余金额已收入你账户内

此联出票行结清多余后交申请人

业务办理流程

1. 款项清算

收款人开户银行与汇票签发银行办理内部资金清算。银行汇票的实际结算金额低于出票金额的，其多余金额由签发银行退交汇款人。

2. 编制记账凭证

制单人员李明根据收到的购货发票账单等凭证及银行转来的多余款收账通知，编制记账凭证（见表 4-66），并交予会计蒋晓霞审核。

表 4-66 记账凭证

2015 年 5 月 7 日　　　　记字第 12 号

摘要	总账科目	明细科目	借方金额											贷方金额											√
			亿	千	百	十	万	千	百	十	元	角	分	亿	千	百	十	万	千	百	十	元	角	分	
购货并退回多余银行汇票的款项	材料采购	A 材料				1	0	0	0	0	0	0	0												
	应交税费	应交增值税（进项税）					1	7	0	0	0	0	0												
	银行存款	农行北京阜成支行						3	0	0	0	0	0												
	其他货币资金	银行汇票存款															1	2	0	0	0	0	0	0	
合计					¥	1	2	0	0	0	0	0	0			¥	1	2	0	0	0	0	0	0	

附单据 2 张

会计主管：张云　　记账：　　审核：蒋晓霞　　制单：李明

3. 登记银行存款日记账

出纳人员曾丽根据审核无误的记账凭证，序时登记银行存款日记账（见表 4-67），同时在记账凭证中“记账”栏画上记账符号“√”。

表 4-67 银行存款日记账

开户行名称：农行北京阜成支行

15 年		凭证		摘要	对方科目	借方									贷方									余额								
月	日	字	号			百	十	万	千	百	十	元	角	分	百	十	万	千	百	十	元	角	分	百	十	万	千	百	十	元	角	分
5	1			月初余额																				1	6	3	8	2	2	9	5	0
5	1	记	11	申请签发银行汇票												1	2	0	0	0	0	0	0	1	5	1	8	2	2	9	5	0
5	7	记	12	退回多余款项					3	0	0	0	0	0										1	5	2	1	2	2	9	5	0

上岗一试

永丰有限责任公司于 2015 年 8 月 5 日向开户银行申请银行汇票 85 000 元，用于支付江和电子有限责任公司的货款。江和电子有限责任公司的开户银行为中国农业银行绵阳市劳动支行；账号为 103040152012896。

要求：填写银行汇票的业务委托书（见表 4-68）。

表 4-68 中国农业银行业务委托书

委托日期：　年　月　日　　　　京 A00637382

<table>
<tr><td>银行打印</td><td colspan="16"></td></tr>
<tr><td rowspan="12">客户打印</td><td colspan="2">业务类型</td><td colspan="8">□电汇 □信汇 □汇票申请书 □本票申请书
其他________</td><td colspan="3">汇款方式</td><td colspan="3">□普通
□加急</td></tr>
<tr><td rowspan="4">委托人</td><td>全称</td><td colspan="2"></td><td rowspan="4">收款人</td><td colspan="3">全称</td><td colspan="8"></td></tr>
<tr><td>账号或地址</td><td colspan="2"></td><td colspan="3">账号或地址</td><td colspan="8"></td></tr>
<tr><td>开户行名称</td><td colspan="2"></td><td colspan="3">开户行名称</td><td colspan="8"></td></tr>
<tr><td>开户银行</td><td colspan="2">省　市</td><td colspan="3">开户银行</td><td colspan="8"></td></tr>
<tr><td colspan="4" rowspan="2">金额（大写）人民币</td><td>亿</td><td>千</td><td>百</td><td>十</td><td>万</td><td>千</td><td>百</td><td>十</td><td>元</td><td>角</td><td>分</td></tr>
<tr><td></td><td></td><td></td><td></td><td></td><td></td><td></td><td></td><td></td><td></td><td></td></tr>
<tr><td colspan="2">支付密码</td><td colspan="2"></td><td colspan="11" rowspan="4">上列款项及相关费用请从我账户内支付

委托人签章：</td></tr>
<tr><td colspan="2">加急汇款签字</td><td colspan="2"></td></tr>
<tr><td colspan="2">用途</td><td colspan="2"></td></tr>
<tr><td colspan="4">附加信息及用途</td></tr>
</table>

事后监督：　　会计主管：　　复核：　　记账：

项目二 银行汇票结算收款业务

学习目标

1. 能正确审核银行汇票
2. 能正确填制银行进账单
3. 能正确进行银行汇票结算收款业务的账务处理

工作任务

永丰有限责任公司销售产品一批，收到客户绵阳天峰有限责任公司银行汇票（见表4-69，表4-70），于2015年5月10日到开户银行办理进账。实际结算金额为245 600元。

表4-69 银行汇票第二联

付款期限
壹个月

中 国 农 业 银 行

银行汇票　　2　　第0056860号

出票日期（大写）贰零壹伍年伍月零壹拾日

代理付款行：农行北京市阜成支行　行号：230458

收款人：永丰有限责任公司	账号：30020067124088									
出票金额人民币（大写）贰拾陆万元整										
实际结算金额人民币（大写）贰拾肆万伍仟陆佰元整	千	百	十	万	千	百	十	元	角	分
		¥	2	4	5	6	0	0	0	0

申请人：绵阳天峰有限责任公司　　账号或住址：9402282134291

出票行：农行绵阳市草庐支行

行号：113307

备注：购材料

凭票付款

出票行签章

（印章：中国农业银行 绵阳草庐支行 票据专用章）

密押：										
多余金额										
千	百	十	万	千	百	十	元	角	分	
		¥	1	4	4	0	0	0	0	复核　记账

2015年5月10日

此联代理付款行付款后作联行往账借方凭证附件

表 4-70 银行汇票第三联

中 国 农 业 银 行

付款期限 壹个月

银行汇票（解讫通知） 3 第 0056860 号

出票日期（大写）贰零壹伍年伍月零壹拾日

代理付款行：农行北京阜成支行
行号：230458

收款人：永丰有限责任公司　　账号：30020067124088

出票金额人民币（大写）贰拾陆万元整

实际结算金额人民币（大写）贰拾肆万伍仟陆佰元整	千	百	十	万	千	百	十	元	角	分
		¥	2	4	5	6	0	0	0	0

申申请人：绵阳天峰有限责任公司　　账号或住址：9402282134291

出票行：农行绵阳市草庐支行

行号：113307

备注：购材料

代理付款行签章

密押：

多余金额									
千	百	十	万	千	百	十	元	角	分
		¥	1	4	4	0	0	0	0

复核　记账

复核　记账

此联代理付款行兑付后随报单寄出出票行，由出票行作多余款贷方凭证

小知识 银行汇票结算的基本规定

（1）银行汇票的签发和解付，只能由中国人民银行和商业银行参加“全国联行往来”的银行机构办理。跨系统银行签发的转账银行汇票的解付，应通过同城票据交换将银行汇票和解讫通知提交同城的有关银行审核后解付。

（2）银行汇票一律记名，其他任何人都不得无权领款；但如果指定收款人以背书方式将领款权转让给其指定的收款人，其指定的收款人有领款权。

（3）银行汇票的付款期为 1 个月，是指从签发日开始，无论月大月小，统一到下月对应日期止的 1 个月。

（4）分次支取的银行汇票，应以收款人名义开立临时存款账户，该账户只付不收，付完清户，不计利息。

（5）转汇的银行汇票，可委托兑付银行重新签发银行汇票，但转汇的收款人和用途必须是原收款人和用途，兑付银行必须在银行汇票上加盖“转汇”戳记。已转汇的银行汇票，必须全额兑付。

（6）银行汇票的退汇，汇款单位因汇票超过了付款期限或其他原因没有使用汇票款项时，可以分情况向签发银行申请退款：

1）在银行开立账户的汇款单位要求签发银行退款时，应当备函向签发银行说明原因，并将未用的“银行汇票联”和“解讫通知联”交回汇票签发银行办理退款。银行将“银行汇票联”、“解讫通知联”和银行留存的银行汇票“卡片联”核对无误后办理退款手续，将汇款余额划入汇款单位账户。

2）未在银行开立账户的汇款单位要求签发银行退款时，应将未用的“银行汇票联”和“解讫通知联”交回汇票签发银行，同时向银行交验申请退款单位的有关证件，经银行审核后办理退款。

3）汇款单位因“银行汇票联”和“解讫通知联”缺少其中一联而不能在兑付银行办理兑付，向签发银行申请退款时，应将剩余的一联退给汇票签发银行并备函说明短缺其中一联的原因，经签发银行审查同意后办理退款手续。

（7）银行汇票的挂失。持票人不慎遗失了银行汇票，可以根据不同的情况采取相应补救措施：

1）如果遗失了注明“现金”字样的银行汇票，失票人应当立即向签发银行或兑付银行请求挂失止付。申请挂失止付应提交汇票挂失申请书，并在凭证备注栏内写明“汇票挂失”字样。如果在银行受理挂失以前，包括对方银行收到挂失通知以前，汇票金额已被人冒领的，银行不再承担付款责任。

2）如果遗失了注明收款单位、个体经济户名称的汇票，失票人应当立即通知收款单位、个体经济户、收款人、兑付银行、签发银行，请求上述单位或个人协助防范，银行不办理挂失止付。

银行汇票遗失后，在付款期满后一个月内，确未被冒领的，可以办理退款手续。

业务办理流程

1. 审核银行汇票

收款单位出纳人员曾丽收到银行汇票时，应认真审查，其内容主要包括：收款人或背书人是否确为本单位；银行汇票是否在付款期限内，日期、金额等填写是否正确无误；票据专用章是否清晰；是否有压数机压印的出票金额，与大写出票金额是否一致；银行汇票和解讫通知是否齐全、相符；必须记载的事项是否齐全。

2. 填写实际结算金额

审核无误后，在汇款金额以内，根据实际需要的款项办理结算，并将实际结算金额和多余金额准确、清晰填入银行汇票（第二联）和解讫通知（第三联）的有关栏内。全额解付的银行汇票，应在“多余金额”栏写上“0”。

填写完结算金额和多余金额，在银行汇票背面的提示付款人处加盖银行预留印鉴后，收款人或被背书人将银行汇票和解讫通知同时交予兑付银行，缺少任何一项均无效，银行将不予受理。

3. 填写进账单

收款单位出纳人员应根据实际结算金额填写进账单（见表 4-71）。

表 4-71　进账单

进账单

2015 年 5 月 10 日

出票人	全称	绵阳天峰有限责任公司	
	账户	9402282134291	
	开户银行	农行绵阳市草庐支行	
金额	人民币（小写）	¥245 600.00	
收款人	全称	永丰有限责任公司	
	账号	30020067124088	
	开户银行	农行北京市阜成支行	
票据种类	银行汇票	票据张数	2
票据号码	0056860		

中国农业银行　进账单（回　单）　1

2015 年 5 月 10 日

出票人	全称	绵阳天峰有限责任公司	收款人	全称	永丰有限责任公司
	账户	9402282134291		账户	30020067124088
	开户银行	农行绵阳市草庐支行		开户银行	农行北京阜成支行

人民币（大写）	千	百	十	万	千	百	十	元	角	分
贰拾肆万伍仟陆佰元整		¥	2	4	5	6	0	0	0	0

票据种类	银行汇票	
票据张数	2	
凭证号码	0056860	
		受理银行盖章

注意：本回单不做进账、提货的证明，不作账务处理依据，仅供查询用

4. 办理银行进账或收账

在银行开立账户的收款人或被背书人在银行汇票背面（见表 4-72）加盖银行预留印鉴，连同银行汇票、解讫通知、进账单一并送交开户银行办理转账。银行受理后，退回进账单的回单联。

未在银行开立账户的收款人持银行汇票向银行支取款项时，必须校验本人身份证或兑付地有关单位足以证实收款人身份的证明，并在银行汇票背面签章或签字，注明证件名称、号码及发证机关后，才能办理支取手续。

收款人开户银行与汇票签发银行办理内部资金清算。银行汇票实际结算金额低于出票金额的，其多余金额由签发银行退交汇款人。

表 4-72　银行汇票背面

被背书人	被背书人
永丰有限责任公司 财务专用章　杨军印 背书人签章 年　月　日	背书人签章 年　月　日

持票人向银行

提示付款签章：　　　　身份证件名称：　　　　发证机关：

号码：

5. 银行通知收到款项

收款人开户银行受理银行汇票后，将实际结算金额划入收款人账户上，并将进账单第三联收账通知联退回收款人，做收款收据。

6. 编制记账凭证

制单人员李明根据进账单第三联收账通知联，编制记账凭证（见表 4-73），交予会计蒋晓霞审核。

表 4-73　记账凭证

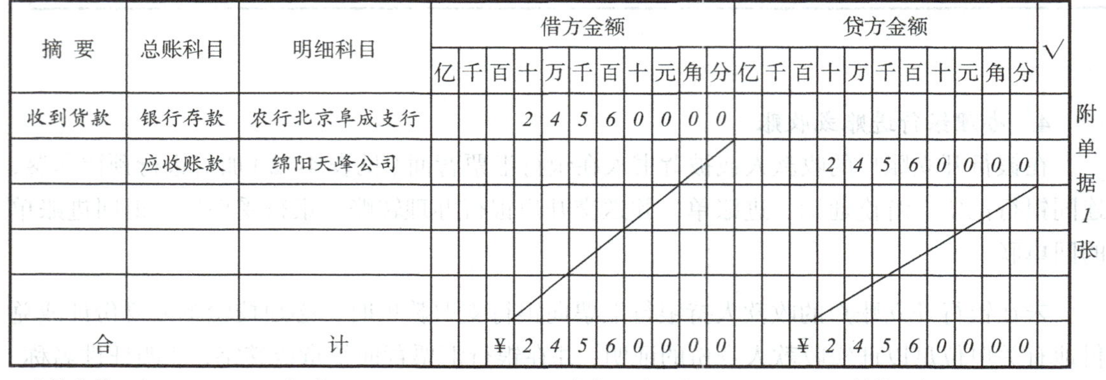

2015 年 5 月 10 日　　　　记字第 13 号

摘要	总账科目	明细科目	借方金额											贷方金额											√
			亿	千	百	十	万	千	百	十	元	角	分	亿	千	百	十	万	千	百	十	元	角	分	
收到货款	银行存款	农行北京阜成支行				2	4	5	6	0	0	0	0												
	应收账款	绵阳天峰公司															2	4	5	6	0	0	0	0	
合计					¥	2	4	5	6	0	0	0	0			¥	2	4	5	6	0	0	0	0	

附单据 1 张

会计主管：张云　　记账：　　审核：蒋晓霞　　制单：李明

7. 登记银行存款日记账

出纳人员曾丽根据审核无误的记账凭证，序时登记银行存款日记账（见表 4-74），同时在记账凭证中“记账”栏画上记账符号“√”。

表 4-74　银行存款日记账

开户行名称：农行北京阜成支行

15年		凭证		摘要	对方科目	借方									贷方									余额								
月	日	字	号			百	十	万	千	百	十	元	角	分	百	十	万	千	百	十	元	角	分	百	十	万	千	百	十	元	角	分
5	1			月初余额																				1	6	3	8	2	2	9	5	0
5	1	记	11	申请签发银行汇票												1	2	0	0	0	0	0	0	1	5	1	8	2	2	9	5	0
5	7	记	12	退回多余款项					3	0	0	0	0	0										1	5	2	1	2	2	9	5	0
5	10	记	13	收到购货款			2	4	5	6	0	0	0	0										1	7	6	6	8	2	9	5	0

上岗一试

永丰有限责任公司销售产品一批，收到客户柳州科技有限责任公司银行汇票（见表 4-75，表 4-76），于 2015 年 8 月 20 日到开户银行办理进账。实际结算金额为 234 000 元。要求：（1）填写银行汇票上实际结算金额和多余金额；（2）编制银行进账单（见表 4-77）。

表 4-75　银行汇票第二联

付款期限
壹个月

中　国　农　业　银　行

银行汇票　　2　　第 0075468 号

出票日期（大写）贰零壹伍年伍月壹拾伍日

代理付款行：农行柳州长宁区支行
行号：230458

收款人：永丰有限责任公司　　账号：30020067124088

出票金额人民币（大写）叁拾万元整

实际结算金额人民币（大写）	千	百	十	万	千	百	十	元	角	分

申请人：柳州科技有限责任公司　　账号或住址：67011809764589

出票行：农业银行柳州长宁区支行

行号：556677

备注：购材料

凭票付款
出票签章

（印章：中国农业银行 柳州长宁支行 票据专用章）

2015 年 8 月 20 日

密押：

多余金额									
千	百	十	万	千	百	十	元	角	分

复核　　记账

此联代理付款行付款后作联行往账借方凭证附件

表 4-76　银行汇票第三联

中国农业银行

银行汇票（解讫通知）　3　第 0075468 号

付款期限 壹个月	出票日期（大写）贰零壹伍年伍月壹拾伍日	代理付款行：农行柳州长宁区支行 行号：230458

收款人：永丰有限责任公司　　账号：30020067124088

出票金额人民币（大写）叁拾万元整

实际结算金额人民币（大写）	千	百	十	万	千	百	十	元	角	分

申申请人：柳州科技有限责任公司　　账号或住址：67011809764589

出票行：农业银行柳州长宁区支行

行号：556677

备注：购材料

代理付款行签章

密押：										
多余金额										
千	百	十	万	千	百	十	元	角	分	复核　记账

复核　记账

此联代理付款行兑付后随报单寄出出票行，由出票行作多余款贷方凭证

图 4-77　进账单

进账单

年　月　日

出票人	全称	
	账户	
	开户银行	
金额	人民币（小写）	
收款人	全称	
	账号	
	开户银行	
票据种类		票据张数
票据号码		

中国农业银行　进账单（回　单）　1

年　月　日

出票人	全称		收款人	全称	
	账户			账户	
	开户银行			开户银行	

人民币（大写）	千	百	十	万	千	百	十	元	角	分

票据种类		
票据张数		
凭证号码		
		受理银行盖章

注意：本回单不做进账、提货的证明，不做账务处理依据，仅供查询用

模块六 商业汇票结算业务

项目一 商业承兑汇票结算付款业务

学习目标

1. 能正确签发商业承兑汇票
2. 能正确进行商业承兑汇票结算付款业务的账务处理

工作任务

永丰有限责任公司购入绍兴机械有限责任公司货物一批，交易合同编号为201538，货款117 000元。双方约定采用商业承兑汇票结算，由永丰有限责任公司于2015年1月10日签发汇票并承兑，汇票2015年5月10日到期，承兑期4个月。绍兴机械有限责任公司开户银行为中国农业银行绍兴市越城支行，账号为335652972038。2015年5月12日收到开户银行转来委托收款的托收凭证第五联付款通知。

业务办理流程

1. 签发商业承兑汇票

小知识 商业承兑汇票

商业承兑汇票适用于在银行开立存款账户的法人及其他组织之间，按照购销合同先发货后收款或延期付款的商品交易，不管是同城还是异地，其款项结算都可以使用商业汇票的结算方式。商业汇票按其承兑人的不同，可以分为商业承兑汇票和银行承兑汇票两种。商业承兑汇票是指由收款人签发，经付款人承兑，或者由付款人签发并承诺在指定日期无条件支付确定金额给收款人或持票人的票据。

商业承兑汇票一式三联，第一联由承兑人留存；第二联由持票人开户行随托收凭证寄付款人开户行，作借方凭证附件；第三联由出票人存查。

商业承兑汇票（见表4-78，表4-79）由交易双方约定签发，可由收款人签发，也可由付款人签发，其付款期最长可达6个月。

表 4-78 商业承兑汇票 2　　汇票号码：098080

出票日期（大写）贰零壹伍年零壹月零壹拾日

<table>
<tr><td rowspan="3">付款人</td><td>全称</td><td colspan="2">永丰有限责任公司</td><td rowspan="3">收款人</td><td>全称</td><td colspan="11">绍兴机械有限责任公司</td></tr>
<tr><td>账号</td><td colspan="2">30020067124088</td><td>账号</td><td colspan="11">335652972038</td></tr>
<tr><td>开户银行</td><td colspan="2">农行北京阜成支行</td><td>开户银行</td><td colspan="11">农行绍兴市越城支行</td></tr>
<tr><td colspan="2" rowspan="2">出票金额</td><td colspan="2" rowspan="2">人民币
（大写）壹拾壹万柒仟元整</td><td>亿</td><td>千</td><td>百</td><td>十</td><td>万</td><td>千</td><td>百</td><td>十</td><td>元</td><td>角</td><td>分</td></tr>
<tr><td></td><td></td><td>¥</td><td>1</td><td>1</td><td>7</td><td>0</td><td>0</td><td>0</td><td>0</td><td>0</td></tr>
<tr><td colspan="3">汇票到期日（大写）</td><td>贰零壹壹年伍月零壹拾日</td><td rowspan="2">付款人开户行</td><td>行号</td><td colspan="11">481458</td></tr>
<tr><td colspan="3">交易合同</td><td>201538</td><td>地址</td><td colspan="11">绍兴市越城大道83号</td></tr>
<tr><td colspan="4">本汇票已经承兑，到期无条件支付票款。

承兑人签章
承兑日期：　年　月　日</td><td colspan="13">本汇票请予以承兑于到期日付款
永丰有限责任公司 财务专用章　印 杨军
出票人签章</td></tr>
</table>

此联持票人开户行随托收凭证寄付款人开户行，作借方凭证附件

表 4-79 商业承兑汇票 2

（背面）

被背书人	被背书人
背书人签章 年　月　日	背书人签章 年　月　日

2. 承兑商业汇票

商业承兑汇票需要由付款人承兑（收款人签发的应交付款人承兑，付款人签发的应由本人承兑）。付款人在商业承兑汇票第二联正面（见表 4-80）上签署“承兑”字样，填写承兑日期并加盖银行预留印鉴后，将汇票交收款人收执，第一、三联付款人留存（如果是收款人签发的商业承兑汇票，应将第三联交出票人留存）。

表 4-80 商业承兑汇票 2

汇票号码：098080

出票日期（大写）贰零壹伍年零壹月零壹拾日

<table>
<tr><td rowspan="3">付款人</td><td>全称</td><td colspan="4">永丰有限责任公司</td><td rowspan="3">收款人</td><td>全称</td><td colspan="10">绍兴机械有限责任公司</td></tr>
<tr><td>账号</td><td colspan="4">30020067124088</td><td>账号</td><td colspan="10">335652972038</td></tr>
<tr><td>开户银行</td><td colspan="4">农行北京阜成支行</td><td>开户银行</td><td colspan="10">农行绍兴市越城支行</td></tr>
<tr><td colspan="2" rowspan="2">出票金额</td><td colspan="4" rowspan="2">人民币
（大写）壹拾壹万柒仟元整</td><td>亿</td><td>千</td><td>百</td><td>十</td><td>万</td><td>千</td><td>百</td><td>十</td><td>元</td><td>角</td><td>分</td></tr>
<tr><td></td><td></td><td>¥</td><td>1</td><td>1</td><td>7</td><td>0</td><td>0</td><td>0</td><td>0</td><td>0</td></tr>
<tr><td colspan="2">汇票到期日（大写）</td><td colspan="4">贰零壹伍年伍月零壹拾日</td><td colspan="2" rowspan="2">付款人开户行</td><td colspan="2">行号</td><td colspan="7">481458</td></tr>
<tr><td colspan="2">交易合同</td><td colspan="4">201538</td><td colspan="2">地址</td><td colspan="7">北京市海淀区阜成路 88 号</td></tr>
<tr><td colspan="6">本汇票已经承兑，到期无条件支付票款。
（印章：永丰有限责任公司 财务专用章）（印章：杨军印）
承兑人签章
承兑日期：2015 年 1 月 10 日</td><td colspan="11">本汇票请予以承兑于到期日付款
（印章：永丰有限责任公司 财务专用章）（印章：杨军印）
出票人签章</td></tr>
</table>

此联持票人开户行随托收凭证寄付款人开户行，作借方凭证附件

3. 到期兑付

付款人收到开户银行转来委托收款的托收凭证第五联（付款通知）及所附商业承兑汇票，经与商业承兑汇票第一联核对无误后，应于当日通知银行付款。付款人在接到付款通知的次日起 3 日内（遇到法定节日顺延）未通知银行付款的，视同付款人承诺付款，银行应于付款人接到通知之日起第 4 日将款项划给持票人。付款人提前收到由其承兑的商业汇票，应通知银行于汇票到期日付款。

付款人存在合法抗辩事由拒绝支付的，应自接到付款通知之日起 3 日内，出具书面拒绝付款证明（“拒绝付款理由书”），送交开户银行，银行将拒绝付款证明和商业承兑汇票邮寄给持票人开户银行，由持票人开户行转交给持票人。

4. 编制记账凭证

制单人员李明根据委托收款的托收凭证第五联，编制记账凭证（见表 4-81），并交予会计蒋晓霞审核。

表 4-81　记账凭证

2015 年 5 月 12 日　　　　记字第 14 号

摘要	总账科目	明细科目	借方金额											贷方金额											√
			亿	千	百	十	万	千	百	十	元	角	分	亿	千	百	十	万	千	百	十	元	角	分	
商业汇票到期付款	应付票据	绍兴机械有限公司				1	1	7	0	0	0	0	0												
	银行存款	农行北京阜成支行															1	1	7	0	0	0	0	0	
合计					¥	1	1	7	0	0	0	0	0			¥	1	1	7	0	0	0	0	0	

附单据 1 张

会计主管：张云　　记账：　　审核：蒋晓霞　　制单：李明

5. 登记银行存款日记账

出纳人员李明根据审核无误的记账凭证，序时登记银行存款日记账（见表 4-82），同时在记账凭证中“记账”栏画上记账符号“√”。

表 4-82　银行存款日记账

开户行名称：农行北京阜成支行

15 年		凭证		摘要	对方科目	借方									贷方									余额								
月	日	字	号			百	十	万	千	百	十	元	角	分	百	十	万	千	百	十	元	角	分	百	十	万	千	百	十	元	角	分
5	1			月初余额																				1	6	3	8	2	2	9	5	0
5	1	记	11	申请签发银行汇票												1	2	0	0	0	0	0	0	1	5	1	8	2	2	9	5	0
5	7	记	12	退回多余款项					3	0	0	0	0	0										1	5	2	1	2	2	9	5	0
5	10	记	13	收到购货款			2	4	5	6	0	0	0	0										1	7	6	6	8	2	9	5	0
5	12	记	14	商业承兑汇票到期付款												1	1	7	0	0	0	0	0	1	6	4	9	8	2	9	5	0

上岗一试

永丰有限责任公司购入大连广源有限责任公司一批货物，交易合同编号为 201518，货款 256 000 元。双方约定采用商业承兑汇票结算，2015 年 5 月 30 日由大连广源有限责任公司签发由永丰有限责任公司承兑的商业承兑汇票一张，汇票于 2015 年 7 月 30 日到期。大连广源有限责任公司开户银行为中国农业银行大连市民主支行，账号为 5877433883833。要求：填写承兑商业承兑汇票（见表 4-83）。

表 4-83 商业承兑汇票 2

汇票号码：098087

出票日期（大写） 年 月 日

付款人	全称		收款人	全称											
	账号			账号											
	开户银行			开户银行											
出票金额	人民币（大写）		亿	千	百	十	万	千	百	十	元	角	分		
汇票到期日（大写）			付款人开户行	行号											
交易合同				地址											
本汇票已经承兑，到期无条件支付票款。 承兑人签章 承兑日期： 年 月			本汇票请予以承兑于到期日付款 出票人签章												

此联持票人开户行随托收凭证寄付款人开户行，作借方凭证附件

项目二 商业承兑汇票结算收款业务

学习目标

1. 能正确审核商业承兑汇票
2. 能正确进行商业承兑汇票结算收款业务的账务处理
3. 掌握托收凭证的填写方法

工作任务

永丰有限责任公司向桂林机械有限责任公司销售货物一批，交易合同编号为 2015145，货款 159 000 元。双方约定采用商业承兑汇票结算，由永丰有限责任公司于 2015 年 1 月 10 日签发由桂林机械有限责任公司承兑的商业承兑汇票一张（见表 4-84），汇票于 2015 年 5 月 10 日到期，承兑期 4 个月。桂林机械有限责任公司开户银行为中国农业银行桂林市建干路支行，账号为 6257283393909。永丰有限责任公司于 2015 年 5 月 10 日向开户银行办理委托收款，并于 2015 年 5 月 13 日收到开户银行转寄的收款通知。

表 4-84　商业承兑汇票 2　　汇票号码：098897

出票日期（大写）贰零壹伍年零壹月零壹拾日

<table>
<tr><td rowspan="3">付款人</td><td>全称</td><td>桂林机械有限责任公司</td><td rowspan="3">收款人</td><td>全称</td><td colspan="11">永丰有限责任公司</td></tr>
<tr><td>账号</td><td>6257283393909</td><td>账号</td><td colspan="11">30020067124088</td></tr>
<tr><td>开户银行</td><td>农行桂林市建干路支行</td><td>开户银行</td><td colspan="11">农行北京市阜成支行</td></tr>
<tr><td colspan="2" rowspan="2">出票金额</td><td rowspan="2" colspan="3">人民币
（大写）壹拾伍万玖仟元整</td><td>亿</td><td>千</td><td>百</td><td>十</td><td>万</td><td>千</td><td>百</td><td>十</td><td>元</td><td>角</td><td>分</td></tr>
<tr><td></td><td></td><td>¥</td><td>1</td><td>5</td><td>9</td><td>0</td><td>0</td><td>0</td><td>0</td><td>0</td></tr>
<tr><td colspan="2">汇票到期日（大写）</td><td>贰零壹伍年伍月零壹拾日</td><td rowspan="2" colspan="2">付款人开户行</td><td>行号</td><td colspan="10">16786</td></tr>
<tr><td colspan="2">交易合同</td><td>2015145</td><td>地址</td><td colspan="10">桂林市建干路 12 号</td></tr>
<tr><td colspan="3">本汇票已经承兑，到期无条件支付票款
桂林机械有限责任公司 财务专用章
印 韦佳
承兑人签章
承兑日期：2015 年 1 月 10 日</td><td colspan="13">本汇票请予以承兑于到期日付款
永丰有限责任公司 财务专用章
印 杨军
出票人签章</td></tr>
</table>

此联持票人开户行随托收凭证寄付款人开户行作借方凭证附件

业务办理流程

1．审核商业承兑汇票

收款人收到经付款人承兑的商业汇票应注意审核以下问题：是否为中国人民银行统一印制的商业承兑汇票；汇票的签发和到期日、收款单位名称、账号、开户银行等栏目是否填写齐全；汇票上的印鉴是否齐全；汇票是否超过有效承兑期限；汇票上有无注明“不得转让”字样，经转让的汇票，背书是否连续，签章是否正确。

小知识　商业汇票结算的基本规定

（1）使用商业汇票的单位必须是在银行开立存款账户的企业法人。

（2）签发商业汇票应以商品交易为基础，禁止签发、承兑、贴现无商品交易的商业汇票。

（3）商业汇票一律记名，允许背书转让。

（4）商业汇票承兑期限，由交易双方商定，最长不得超过 6 个月。如果分期付款，应一次签发若干张不同期限的商业汇票。

（5）商业汇票到期后，一律通过银行办理转账结算，银行不支付现金。商业汇票的提示付款期限自汇票到期日起 10 日内。

（6）无款支付的规定。商业承兑汇票到期，付款人账户存款不足而不能支付票款时，由付款人开户银行在委托收款凭证备注栏注明付款人“无款支付”字样，按照委托收款结算无款支付手续处理，将委托收款凭证和商业承兑汇票退回收款人开户银行。银行承兑汇票到期，付款人无款支付或不足支付时，银行除凭票向收款人无条件支付款项外，将根据承兑协议对付款人执行扣款。对尚未收回的款项转入付款人的逾期贷款户，并按每日 0.05%计收罚息。

2. 填写委托收款的托收凭证

收款人根据审核无误的商业承兑汇票填写一式五联委托收款的托收凭证（见表 4-85，表 4-85）。

表 4-85　中国农业银行托收凭证（受理回单）1

No：2311008　　　　委托日期：*2015* 年 *5* 月 *10* 日

<table>
<tr><td colspan="2">业务类型</td><td colspan="4">委托收款（☑邮划、☐电划）</td><td colspan="11">委托承付（☐邮划、☐电划）</td></tr>
<tr><td rowspan="3">付款人</td><td>全称</td><td colspan="4">桂林机械有限责任公司</td><td rowspan="3">收款人</td><td>全称</td><td colspan="9">永丰有限责任公司</td></tr>
<tr><td>账号</td><td colspan="4">6257283393909</td><td>账号</td><td colspan="9">30020067124088</td></tr>
<tr><td>地址</td><td>广西省桂林市</td><td>开户行</td><td colspan="2">农业桂林市建干路支行</td><td>地址</td><td colspan="3">北京市</td><td colspan="3">开户行</td><td colspan="3">农行北京阜成支行</td></tr>
<tr><td rowspan="2">金额</td><td colspan="4" rowspan="2">人民币（大写）壹拾伍万玖仟元整</td><td>亿</td><td>千</td><td>百</td><td>十</td><td>万</td><td>千</td><td>百</td><td>十</td><td>元</td><td>角</td><td>分</td></tr>
<tr><td></td><td></td><td>¥</td><td>1</td><td>5</td><td>9</td><td>0</td><td>0</td><td>0</td><td>0</td><td>0</td></tr>
<tr><td colspan="2">款项内容</td><td>货款</td><td>托收凭证名称</td><td colspan="3">商业承兑汇票、销售发票</td><td colspan="4">附寄单证张数</td><td colspan="6">3</td></tr>
<tr><td colspan="2">商品发送情况</td><td colspan="2">已发送</td><td colspan="3">合同名称号码</td><td colspan="10">2015145</td></tr>
<tr><td colspan="3">备注：
复核　　　　记账</td><td colspan="4">款项收妥日期
年　月　日</td><td colspan="10">收款人开户银行签章
年　月　日</td></tr>
</table>

此联作收款人开户银行给收款人的受理回单

3. 银行受理委托收款的托收凭证

收款人开户银行审查受理后，将委托收款的托收凭证第一联回单加盖银行业务受理章后退回收款人。收款人开户行将有关单证寄交付款人开户银行，以通知付款人。

4. 收到开户行收账通知

收款人开户银行和付款人开户银行进行票据交换、审核、资金的划拨。款项到账后开户银行通知收款人办理收款。

表 4-86 中国农业银行托收凭证（汇款依据或收账通知）4

付款期限 2015 年 5 月 20 日

No：2311008　　委托日期：2015 年 5 月 10 日

业务类型		委托收款（☑邮划、☐电划）			委托承付（☐邮划、☐电划）			
付款人	全称	桂林机械有限责任公司			收款人	全称	永丰有限责任公司	
	账号	6257283393909				账号	30020067124088	
	地址	广西省桂林市	开户行	农行桂林市建干路支行		地址	北京市	开户行 农行北京阜成支行
金额	人民币（大写）壹拾伍万玖仟元整							

亿	千	百	十	万	千	百	十	元	角	分
		¥	1	5	9	0	0	0	0	0

款项内容	货款	托收凭证名称	商业承兑汇票、销售发票	寄附单证张数	3
商品发送情况	已发送	合同名称号码	2015145		
备注： 复核　　记账		上述款项已划回收入你方账户内 收款人开户银行签章 年　月　日			

此联作收款人开户凭以汇款或收款人开户银行作收账通知

5. 编制记账凭证

制单人员李明根据开户银行转来的委托收款托收结算凭证第四联收账通知，编制记账凭证（见表 4-87），并交予会计蒋晓霞审核。

表 4-87 记账凭证

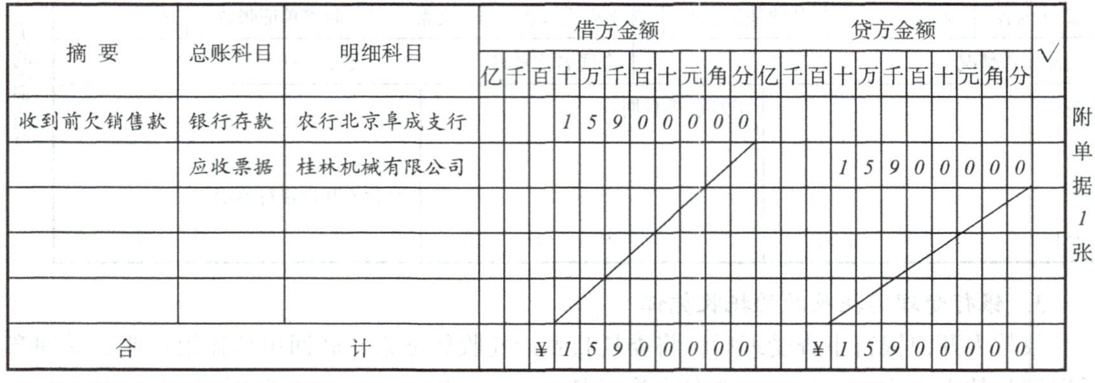

2015 年 5 月 13 日　　记字第 15 号

摘要	总账科目	明细科目	借方金额											贷方金额											√
			亿	千	百	十	万	千	百	十	元	角	分	亿	千	百	十	万	千	百	十	元	角	分	
收到前欠销售款	银行存款	农行北京阜成支行				1	5	9	0	0	0	0	0												
	应收票据	桂林机械有限公司															1	5	9	0	0	0	0	0	
合　计					¥	1	5	9	0	0	0	0	0			¥	1	5	9	0	0	0	0	0	

附单据 1 张

会计主管：张云　　记账：　　审核：蒋晓霞　　制单：李明

6　登记银行存款日记账

出纳人员曾丽根据审核无误的记账凭证，序时登记银行存款日记账（见表 4-88），同时在记账凭证中“记账”栏画上记账符号“√”。

表 4-88　银行存款日记账

开户行名称：农行北京阜成支行

15年		凭证		摘要	对方科目	借方									贷方									余额								
月	日	字	号			百	十	万	千	百	十	元	角	分	百	十	万	千	百	十	元	角	分	百	十	万	千	百	十	元	角	分
5	1			月初余额																				1	6	3	8	2	2	9	5	0
5	1	记	11	申请签发银行汇票												1	2	0	0	0	0	0	0	1	5	1	8	2	2	9	5	0
5	7	记	12	退回多余款项					3	0	0	0	0	0										1	5	2	1	2	2	9	5	0
5	10	记	13	收到购货款			2	4	5	6	0	0	0	0										1	7	6	6	8	2	9	5	0
5	12	记	14	商业承兑汇票到期付款												1	1	7	0	0	0	0	0	1	6	4	9	8	2	9	5	0
5	13	记	15	收到前欠销售货款			1	5	9	0	0	0	0	0										1	8	0	8	8	2	9	5	0

上岗一试

永丰有限责任公司向青岛科技有限责任公司销售货物一批，交易合同编号为 201578，货款 243 000 元。双方约定采用商业承兑汇票方式结算，由青岛科技有限责任公司于 2011 年 7 月 10 日签发汇票并承兑的商业承兑汇票一张（见表 4-89），汇票于 2015 年 10 月 10 日到期，承兑期为 3 个月。青岛科技有限责任公司开户银行为中国建设银行青岛市台江支行，账号为 25465652030509。永丰有限责任公司于 2015 年 10 月 12 日向其开户银行办理委托收款，并于 2015 年 10 月 15 日收到开户银行转寄的收账通知。要求：填制委托收款的托收凭证（见表 4-90）。

表 4-89　商业承兑汇票 2

汇票号码：467327

出票日期（大写）贰零壹伍年伍月零壹拾日

<table>
<tr><td rowspan="3">付款人</td><td>全称</td><td>青岛科技有限责任公司</td><td rowspan="3">收款人</td><td>全称</td><td colspan="10">永丰有限责任公司</td></tr>
<tr><td>账号</td><td>25465652030509</td><td>账号</td><td colspan="10">30020067124088</td></tr>
<tr><td>开户银行</td><td>建行青岛市台江支行</td><td>开户银行</td><td colspan="10">农行北京阜成支行</td></tr>
<tr><td rowspan="2">出票金额</td><td colspan="2" rowspan="2">人民币
（大写）贰拾肆万叁仟元整</td><td>亿</td><td>千</td><td>百</td><td>十</td><td>万</td><td>千</td><td>百</td><td>十</td><td>元</td><td>角</td><td>分</td></tr>
<tr><td></td><td></td><td>¥</td><td>2</td><td>4</td><td>3</td><td>0</td><td>0</td><td>0</td><td>0</td><td>0</td></tr>
<tr><td>汇票到期日（大写）</td><td colspan="2">贰零壹伍年零壹拾月零壹拾日</td><td rowspan="2">付款人开户行</td><td>行号</td><td colspan="10">23876</td></tr>
<tr><td>交易合同号码</td><td colspan="2">201578</td><td>地址</td><td colspan="10">青岛市台江中路 66 号</td></tr>
<tr><td colspan="3">本汇票已经承兑，到期无条件支付票款
印 蒋政
青岛科技有限责任公司 财务专用章
承兑人签章
承兑日期：2015 年 5 月 10 日</td><td colspan="12">本汇票请予以承兑于到期日付款
印 杨军
永丰有限责任公司 财务专用章
出票人签章</td></tr>
</table>

此联持票人开户行随托收凭证寄付款人开户行作借方凭证附件

表 4-90　中国农业银行托收凭证（受理回单）1

委托日期：　年　月　日

<table>
<tr><td>业务类型</td><td colspan="5">委托收款（□邮划、□电划）</td><td colspan="14">委托承付（□邮划、□电划）</td></tr>
<tr><td rowspan="3">付款人</td><td>全称</td><td colspan="4"></td><td rowspan="3">收款人</td><td>全称</td><td colspan="12"></td></tr>
<tr><td>账号</td><td colspan="4"></td><td>账号</td><td colspan="12"></td></tr>
<tr><td>地址</td><td>省　市（县）</td><td>开户行</td><td colspan="2"></td><td>地址</td><td colspan="3"></td><td>开户行</td><td colspan="8"></td></tr>
<tr><td rowspan="2">金额</td><td colspan="5" rowspan="2">人民币（大写）</td><td>亿</td><td>千</td><td>百</td><td>十</td><td>万</td><td>千</td><td>百</td><td>十</td><td>元</td><td>角</td><td>分</td><td colspan="2"></td></tr>
<tr><td></td><td></td><td></td><td></td><td></td><td></td><td></td><td></td><td></td><td></td><td></td><td colspan="2"></td></tr>
<tr><td>款项内容</td><td colspan="2"></td><td>托收凭证名称</td><td colspan="4"></td><td colspan="4">附寄单证张数</td><td colspan="7"></td></tr>
<tr><td>商品发送情况</td><td colspan="4"></td><td colspan="4">合同名称号码</td><td colspan="10"></td></tr>
<tr><td colspan="3">备注：
复核　　记账</td><td colspan="6">款项收妥日期
年　月　日</td><td colspan="10">收款人开户银行签章
年　月　日</td></tr>
</table>

此联作收款人开户银行给收款人的受理回单

模块七 银行承兑汇票业务

项目一 银行承兑汇票结算付款业务

学习目标

1. 能正确签发银行承兑汇票
2. 能正确进行银行承兑汇票结算付款业务的账务处理
3. 掌握银行承兑汇票的签发方法

工作任务

永丰有限责任公司购入华侨机械有限责任公司货物一批，合同编号为 212845，货款 122 700 元。双方约定采用银行承兑汇票结算，承兑协议编号为 2015897，由永丰有限责任公司于 2015 年 1 月 20 日签发经其开户银行承兑的银行承兑汇票一张，该汇票于 2015 年 5 月 20 日到期，承兑期限为 4 个月。华侨机械有限责任公司开户银行为中国农业银行北京市房山区支行，账号为 5652972031227。

业务办理流程

1. 签发和承兑银行承兑汇票

承兑申请人持空白银行承兑汇票（见表 4-91，表 4-92）和购销合同向开户银行申请承兑，每张银行承兑汇票的承兑金额最高不得超过 1 000 万元；银行审核无误后，与承兑申请人签订承兑协议；银行在承兑汇票上注明承兑协议的编号，加盖银行印章，压印汇票金额；同时承兑银行按票面金额的 0.05%向承兑申请人收取手续费；办完手续后，将第二联银行承兑汇票和第三联存根联交给承兑申请人，由其转交收款方进行结算。

> 小知识 **银行承兑汇票**
>
> 银行承兑汇票是指由出票人签发，并由承兑申请人向开户银行申请，经银行审查同意承兑，在指定日期无条件支付确定的金额给收款人或持票人的票据。
>
> 银行承兑汇票一式三联，第一联由承兑行留存备查，到期支付票款时作借方凭证附件；第二联由收款人开户行随托收凭证寄付款行作借方凭证附件；第三联由出票人存查。

表 4-91 银行承兑汇票 1

汇票号码：635760

出票日期（大写）贰零壹伍年零壹月零贰拾日

出票人全称	永丰有限责任公司	收款人	全称	华侨机械有限责任公司
出票人账号	30020067124088		账号	5652972031227
付款行全称	农行北京阜成支行		开户银行	农行北京市房山区支行

出票金额	人民币（大写）壹拾贰万贰仟柒佰元整	亿	千	百	十	万	千	百	十	元	角	分
				¥	1	2	2	7	0	0	0	0

汇票到期日（大写）	贰零壹伍年伍月零贰拾日	付款人开户行	行号	214336
承兑协议编号	2015897		地址	北京市海淀区阜成路 88 号
本汇票你行承兑，此项汇票款我单位按承兑协议于到期日前足额交存你行，到期请予以支付 永丰有限责任公司 财务专用章 印 杨军 出票人签章		备注：		复核 记账

此联承兑行留存备查，到期支付票款时作借方凭证附件

表 4-92 银行承兑汇票 2

汇票号码：635760

出票日期（大写）贰零壹伍年零壹月零贰拾日

出票人全称	永丰有限责任公司	收款人	全称	华侨机械有限责任公司
出票人账号	30020067124088		账号	135652972031227
付款行全称	农行北京阜成支行		开户银行	农行北京市房山区支行

出票金额	人民币（大写）壹拾贰万贰仟柒佰元整	亿	千	百	十	万	千	百	十	元	角	分
				¥	1	2	2	7	0	0	0	0

汇票到期日（大写）	贰零壹伍年伍月零贰拾日	付款人开户行	行号	214336
承兑协议编号	2015897		地址	北京市海淀区阜成路 88 号
本汇票请你行承兑，到期无条件支付 永丰有限责任公司 财务专用章 印 杨军 出票人签章	本汇票请你行承兑，到期日由本行付款 中国农业银行 北京阜成支行 票据专用章 承兑行签章 承兑日期 2015 年 1 月 20 日		备注：	复核 记账

此联收款人开户行随托收凭证寄付款行作借方凭证附件

2　到期付款

承兑人申请（付款人）应于银行承兑汇票到期前将票款足额交存银行，以备到期支付票款。银行承兑汇票到期，付款人无款支付或不足支付时，银行除凭票向收款人无条件支付款项外，将根据承兑协议对付款人执行扣款。对尚未收回的款项转入逾期贷款户，并按每日 0.05%计收罚息。

3．编制记账凭证

制单人员李明根据银行转来委托收款的托收凭证第五联付款通知，编制记账凭证（见表 4-93），并交予会计蒋晓霞审核。

表 4-93　记账凭证

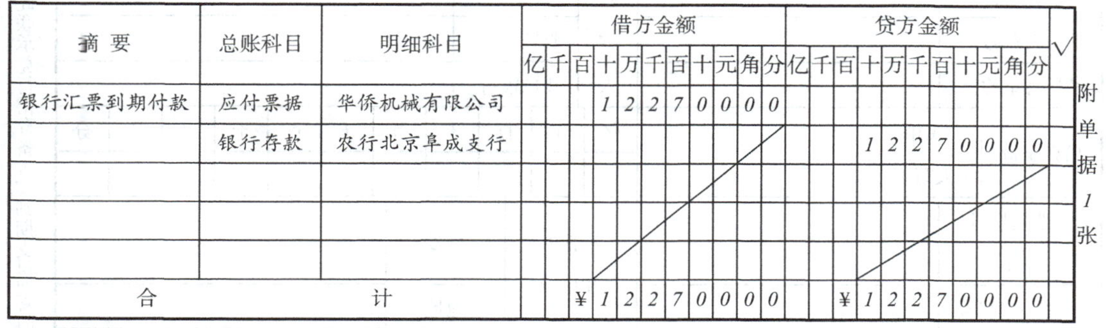

2015 年 5 月 20 日　　　　记字第 16 号

摘要	总账科目	明细科目	借方金额											贷方金额											√
			亿	千	百	十	万	千	百	十	元	角	分	亿	千	百	十	万	千	百	十	元	角	分	
银行汇票到期付款	应付票据	华侨机械有限公司				1	2	2	7	0	0	0	0												
	银行存款	农行北京阜成支行															1	2	2	7	0	0	0	0	
合计					¥	1	2	2	7	0	0	0	0			¥	1	2	2	7	0	0	0	0	

附单据 1 张

会计主管：张云　　记账：　　审核：蒋晓霞　　制单：李明

4．登记银行存款日记账

出纳人员曾丽根据审核无误的记账凭证，序时登记银行存款日记账（见表 4-94），同时在记账凭证中“记账”栏画上记账符号“√”。

表 4-94　银行存款日记账

开户行名称：农行北京阜成支行

15 年		凭证		摘要	对方科目	借方									贷方									余额								
月	日	字	号			百	十	万	千	百	十	元	角	分	百	十	万	千	百	十	元	角	分	百	十	万	千	百	十	元	角	分
5	1			月初余额																				1	6	3	8	2	2	9	5	0
5	1	记	11	申请签发银行汇票												1	2	0	0	0	0	0	0	1	5	1	8	2	2	9	5	0
5	7	记	12	退回多余款项					3	0	0	0	0	0										1	5	2	1	2	2	9	5	0
5	10	记	13	收到购货款			2	4	5	6	0	0	0	0										1	7	6	6	8	2	9	5	0
5	12	记	14	商业承兑汇票到期付款												1	1	7	0	0	0	0	0	1	6	4	9	8	2	9	5	0
5	13	记	15	收到前欠销售货款			1	5	9	0	0	0	0	0										1	8	0	8	8	2	9	5	0
5	20	记	16	银行汇票到期付款												1	2	2	7	0	0	0	0	1	6	8	6	1	2	9	5	0

上岗一试

永丰有限责任公司购入天津建汇有限责任公司一批货物，交易合同编号为 278838，货款 234 000 元。双方约定采用银行承兑汇票结算，承兑协议编号为 1098897，永丰有限责任公司于 2015 年 5 月 20 日签发并经其开户银行承兑的银行承兑汇票一张，该汇票于 2015 年 9 月 20 日到期，承兑期为 4 个月。天津建汇有限责任公司开户行为中国农业银行天津广益支行，账号为 879652972030403。要求：签发银行承兑汇票（见表 4-95）。

表 4-95　银行承兑汇票 1　　汇票号码：538990

出票日期（大写）　年　月　日

<table>
<tr><td>出票人全称</td><td colspan="2"></td><td rowspan="3">收
款
人</td><td>全称</td><td colspan="11"></td></tr>
<tr><td>出票人账号</td><td colspan="2"></td><td>账号</td><td colspan="11"></td></tr>
<tr><td>付款行全称</td><td colspan="2"></td><td>开户银行</td><td colspan="11"></td></tr>
<tr><td rowspan="2">出票金额</td><td colspan="2" rowspan="2">人民币
（大写）</td><td>亿</td><td>千</td><td>百</td><td>十</td><td>万</td><td>千</td><td>百</td><td>十</td><td>元</td><td>角</td><td>分</td></tr>
<tr><td></td><td></td><td></td><td></td><td></td><td></td><td></td><td></td><td></td><td></td><td></td></tr>
<tr><td>汇票到期日
（大写）</td><td colspan="2"></td><td rowspan="2">付款人
开户行</td><td>行号</td><td colspan="11"></td></tr>
<tr><td>承兑协议编号</td><td colspan="2"></td><td>地址</td><td colspan="11"></td></tr>
<tr><td colspan="3">本汇票你行承兑，此项汇票款我单位按承兑协议于到期日前足额交存你行，到期请予以支付。

出票人签章</td><td colspan="2">备注：</td><td colspan="11">

复核　　记账</td></tr>
</table>

此联承兑行留存备查，到期支付票款时作借方凭证附件

项目二　银行承兑汇票结算收款业务

学习目标

1. 能正确进行银行承兑汇票结算收款业务的账务处理
2. 掌握银行承兑汇票的审核方法
3. 掌握委托收款凭证的填制方法

工作任务

永丰有限责任公司向华侨机械有限责任公司销售一批货物，交易合同编号为378845，货款142 800元。双方约定采用银行承兑汇票结算，承兑协议编号211898，由华侨机械有限责任公司于2015年2月22日签发并经其开户银行承兑的银行承兑汇票一张(见表4-96)，该汇票于2015年5月22日到期，承兑期为3个月。华侨机械有限责任公司开户银行为中国农业银行北京市房山支行，账号为5652972031227，行号为214336。永丰有限责任公司于2015年5月22日向开户银行办理委托收款，并于2015年5月23日收到开户银行转寄的收款通知。

表4-96　银行承兑汇票2　　　　汇票号码：198467

出票日期（大写）贰零壹伍年零壹月贰拾贰日

出票人全称	华侨机械有限责任公司	收款人	全称	永丰有限责任公司							
出票人账号	5652972031227		账号	30020067124088							
付款行全称	农行北京市房山支行		开户银行	农行北京市阜成支行							
出票金额	人民币（大写）壹拾肆万贰仟捌佰元整	亿	千	百	十	万	千	百	十	元	角	分
				¥	1	4	2	8	0	0	0	0
汇票到期日（大写）	贰零壹伍年伍月贰拾贰日	付款人开户行	行号	214336							
承兑协议编号	2015898		地址	北京市海淀区阜成路88号							
本汇票请你行承兑，到期无条件支付。 （印章：华侨机械有限责任公司 财务专用章；印 贾鹏） 出票人签章	本汇票请你行承兑，到期日由本行付款。 （印章：中国农业银行 北京房山支行 票据专用章） 承兑行签章 承兑日期2015年2月22日 备注：		复核　　记账								

此联收款人开户行随托收凭证寄付款行作借方凭证附件

业务办理流程

1. 审核银行承兑汇票

收款人收到银行承兑汇票应注意审核以下问题：是否为中国人民银行统一印制的银行承兑汇票；汇票的签发和到期日、收款单位名称、账号、开户银行等栏目是否填写齐全；汇票上的印鉴是否齐全；汇票是否超过有效承兑期限；汇票上有无注明“不得转让”字样，经转让的汇票，背书是否连续，签章是否正确。

2. 填写委托收款凭证

收款人根据审核无误的银行承兑汇票，填写一式五联的委托收款托收凭证（见表 4-97，表 4-98），并在第二联上加盖企业预留印鉴，同时在银行承兑汇票的背面（见表 4-99）加盖预留银行印鉴。

表 4-97 中国农业银行托收凭证（汇款依据或收账通知）4

No：3677110　　委托日期：*2015* 年 *2* 月 *22* 日　　付款期限 *2015* 年 *5* 月 *30* 日

业务类型	委托收款（☑邮划、□电划）			委托承付（□邮划、□电划）								
付款人	全称	华侨机械有限责任公司		收款人	全称	永丰有限责任公司						
	账号	*135652972031227*			账号	*30020067124088*						
	地址	北京市	开户行：农行北京市房山支行		地址	北京市	开户行：农行北京市阜成支行					
金额	人民币（大写）壹拾肆万贰仟捌佰元整			亿	千	百	十	万	千	百	十	元 / 角 / 分
						¥	*1*	*4*	*2*	*8*	*0*	*0* / *0* / *0*
款项内容	货款	托收凭证名称	银行承兑汇票、销售发票	附寄单证张数	*3*							
商品发送情况	已发送	合同名称号码	*2015145*									
备注： 复核　　记账	上述款项已划回收入你方账户内 收款人开户银行签章 年　月　日											

此联作收款人开户银行凭以汇款或收款人开户银行作收账通知

表 4-98　中国农业银行托收凭证（付账通知）5

No：3677110　　委托日期：2015 年 2 月 22 日　　付款期限 2015 年 5 月 30 日

业务类型	委托收款（☑邮划、☐电划）				委托承付（☐邮划、☐电划）										
付款人	全称	华侨机械有限责任公司			收款人	全称	永丰有限责任公司								
	账号	5652972031227				账号	30020067124088								
	地址	北京市	开户行	农行北京市房山支行		地址	北京市		开户行		农行北京市阜成支行				
金额	人民币（大写）壹拾肆万贰仟捌佰元整				亿	千	百	十	万	千	百	十	元	角	分
							¥	1	4	2	8	0	0	0	0
款项内容	货款	托收凭证名称	银行承兑汇票、销售发票		附寄单证张数	3									
商品发送情况	已发送		合同名称号码		201545										
备注： 付款人开户银行收到日期 年　月　日 复核　记账		付款人开户银行签章 年　月　日			付款人注意： 1.根据支付结算办法，上列委托收款（托收承付）款项在付款期限内未提出拒付，即视为同意付款，以此代付款通知 2.如需要提出全部或部分拒付，应在规定期限内，将拒绝付款理由书并附债务证明退交开户银行										

此联付款人开户银行给付款人按期付款通知

表 4-99　银行承兑汇票 2（背面）

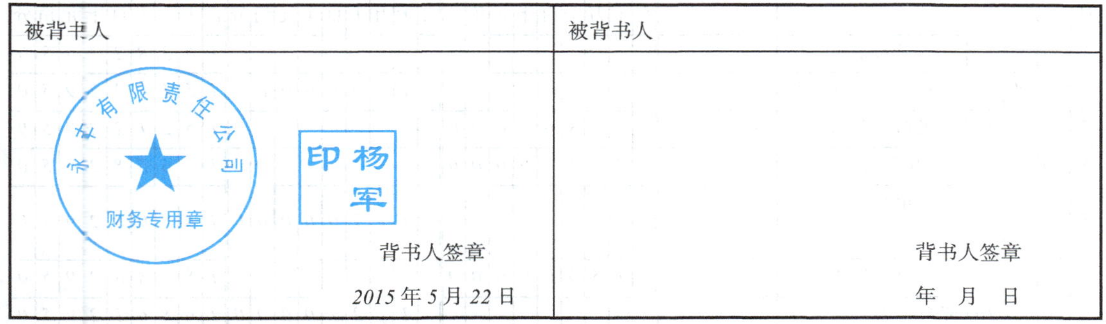

汇票号码：198467

被背书人	被背书人
（印章：永丰有限责任公司 财务专用章）（印章：杨军印） 背书人签章 2015 年 5 月 22 日	背书人签章 年　月　日

3. 银行受理委托收款的托收凭证

收款人开户银行审查受理后，将委托收款的托收凭证第一联回单加盖银行业务受理章后退回收款人。收款人开户行将有关单证寄交付款人开户银行，以通知付款人。

4. 收到开户行收账通知

收款人开户银行和付款人开户银行进行票据交换、审核、资金的划拨。款项到账后开户银行通知收款人办理收款。

5. 编制记账凭证

制单人员李明根据委托收款的托收凭证第四联收账通知，编制记账凭证（见表 4-100），并交予会计蒋晓霞审核。

表 4-100 记账凭证

2015 年 5 月 23 日 记字第 17 号

摘 要	总账科目	明细科目	借方金额											贷方金额											√
			亿	千	百	十	万	千	百	十	元	角	分	亿	千	百	十	万	千	百	十	元	角	分	
收到前欠销售款	银行存款	农行北京阜成支行				1	4	2	8	0	0	0	0												
	应收票据	华侨机械有限公司															1	4	2	8	0	0	0	0	
合		计			¥	1	4	2	8	0	0	0	0			¥	1	4	2	8	0	0	0	0	

附单据 1 张

会计主管：张云 记账： 审核：蒋晓霞 制单：李明

6. 登记银行存款日记账

出纳人员曾丽根据审核无误的记账凭证，序时登记银行存款日记账（见表 4-101），同时在记账凭证中“记账”栏画上记账符号“√”。

表 4-101 银行存款日记账

开户行名称：农行北京阜成支行

15 年		凭证		摘 要	对方科目	借 方									贷 方									余 额								
月	日	字	号			百	十	万	千	百	十	元	角	分	百	十	万	千	百	十	元	角	分	百	十	万	千	百	十	元	角	分
5	1			月初余额																				1	6	3	8	2	2	9	5	0
5	1	记	11	申请签发银行汇票												1	2	0	0	0	0	0	0	1	5	1	8	2	2	9	5	0
5	7	记	12	退回多余款项					3	0	0	0	0	0										1	5	2	1	2	2	9	5	0
5	10	记	13	收到购货款			2	4	5	6	0	0	0	0										1	7	6	6	8	2	9	5	0
5	12	记	14	商业承兑汇票到期付款												1	1	7	0	0	0	0	0	1	6	4	9	8	2	9	5	0
5	13	记	15	收到前欠销售货款			1	5	9	0	0	0	0	0										1	8	0	8	8	2	9	5	0
5	20	记	16	银行汇票到期付款												1	2	2	7	0	0	0	0	1	6	8	6	1	2	9	5	0
5	23	记	17	收到前欠销售款			1	4	2	8	0	0	0	0										1	7	2	8	9	2	9	5	0

上岗一试

永丰有限责任公司向天津胜利有限责任公司销售货物一批，交易合同编号为201578，货款241 500元。双方约定由天津胜利有限责任公司于2015年5月20日签发经其开户银行承兑的银行承兑汇票一张，承兑协议合同编号2015765，该汇票于2015年10月20日到期，承兑期为5个月。天津胜利有限责任公司开户银行为中国农业银行天津市胜利支行，账号为235652972038467。永丰有限责任公司于2015年10月22日向开户银行办理托收转账，并于2015年10月25日收到开户银行转寄的收款通知。要求：填制委托收款的托收凭证（见表4-102）。

表4-102　中国农业银行托收凭证（受理回单）1

委托日期：　　年　　月　　日

<table>
<tr><td colspan="2">业务类型</td><td colspan="4">委托收款（□邮划、□电划）</td><td colspan="13">委托承付（□邮划、□电划）</td></tr>
<tr><td rowspan="3">付款人</td><td>全称</td><td colspan="4"></td><td rowspan="3">收款人</td><td>全称</td><td colspan="11"></td></tr>
<tr><td>账号</td><td colspan="4"></td><td>账号</td><td colspan="11"></td></tr>
<tr><td>地址</td><td>省　市（县）</td><td>开户行</td><td colspan="2"></td><td>地址</td><td colspan="3"></td><td>开户行</td><td colspan="7"></td></tr>
<tr><td rowspan="2">金额</td><td colspan="5" rowspan="2">人民币（大写）</td><td>亿</td><td>千</td><td>百</td><td>十</td><td>万</td><td>千</td><td>百</td><td>十</td><td>元</td><td>角</td><td>分</td></tr>
<tr><td></td><td></td><td></td><td></td><td></td><td></td><td></td><td></td><td></td><td></td><td></td></tr>
<tr><td colspan="2">款项内容</td><td></td><td>托收凭证名称</td><td colspan="4"></td><td colspan="4">附寄单证张数</td><td colspan="5"></td></tr>
<tr><td colspan="2">商品发送情况</td><td colspan="2"></td><td colspan="4">合同名称号码</td><td colspan="9"></td></tr>
<tr><td colspan="3">备注：

复核　　　　记账</td><td colspan="7">款项收妥日期

年　　月　　日</td><td colspan="7">收款人开户银行签章
年　　月　　日</td></tr>
</table>

此联作收款人开户银行给收款人的受理回单

模块八　托收承付结算业务

项目一　托收承付结算收款业务

学习目标

1. 能正确填写托收凭证
2. 能正确进行托收承付结算收款业务的账务处理

工作任务

永丰有限责任公司出售给长沙商贸有限责任公司甲产品一批，发票价 200 000 元，增值税 34 000 元，代垫运费 3 800 元，商品已发送，采用托收承付验单付款方式结算，用电划方式划款，合同号码为 2015018。2015 年 5 月 28 日，永丰有限责任公司到开户行办理托收手续。长沙商贸有限责任公司的账号为 33011440720101，开户银行为农行长沙市白沙支行。2015 年 5 月 30 日，永丰有限责任公司收到开户行的收账通知，收到长沙商贸有限责任公司支付的 2015 年 5 月 28 日购货款。

业务办理流程

1. 托收凭证

托收承付结算方式分为托收和承付两个阶段。托收是指收款人根据购货合同发货后，委托银行向付款人收取款项的行为；承付是指付款人根据经济合同核对单证或验货后，向银行承认付款的行为。

收款人根据购销合同、发票账单、发运证明等单证，填写一式五联的托收凭证（见表 4-103，表 4-104）。

表 4-103　中国农业银行托收凭证（受理回单）1

No：34709022　　　　委托日期：*2015* 年 *5* 月 *28* 日

<table>
<tr><td colspan="2">业务类型</td><td colspan="3">委托收款（□邮划、□电划）</td><td colspan="5">委托承付（□邮划、☑电划）</td></tr>
<tr><td rowspan="3">付款人</td><td>全称</td><td colspan="3">长沙商贸有限责任公司</td><td rowspan="3">收款人</td><td>全称</td><td colspan="3">永丰有限责任公司</td></tr>
<tr><td>账号</td><td colspan="3">33011440720101</td><td>账号</td><td colspan="3">30020067124088</td></tr>
<tr><td>地址</td><td>湖南省长沙市</td><td>开户行</td><td>工行长沙市白沙支行</td><td>地址</td><td>北京市</td><td>开户行</td><td>农行北京阜成支行</td></tr>
<tr><td rowspan="2">金额</td><td colspan="4" rowspan="2">人民币（大写）贰拾叁万柒仟捌佰元整</td><td colspan="5">亿 千 百 十 万 千 百 十 元 角 分</td></tr>
<tr><td colspan="5">¥ 2 3 7 8 0 0 0 0（百 十 万 千 百 十 元 角 分）</td></tr>
<tr><td colspan="2">款项内容</td><td>货款</td><td>托收凭证名称</td><td>销售发票、运费单</td><td colspan="2">附寄单证张数</td><td colspan="3">3</td></tr>
<tr><td colspan="3">商品发送情况</td><td>已发送</td><td colspan="2">合同名称号码</td><td colspan="4">2015018</td></tr>
<tr><td colspan="3">备注：

复核　　　　记账</td><td colspan="3">款项收妥日期

年　月　日</td><td colspan="4">
收款人开户银行签章
年　月　日</td></tr>
</table>

此联作收款人开户银行给收款人的受理回单

表 4-104　中国农业银行托收凭证（汇款依据或收账通知）4

No：34709022　　委托日期：2015 年 5 月 28 日　　付款期限　年　月　日

业务类型		委托收款（□邮划、□电划）			委托承付（□邮划、☑电划）				
付款人	全称	长沙商贸有限责任公司			收款人	全称	永丰有限责任公司		
	账号	33011440720101				账号	30020067124088		
	地址	湖南省长沙市	开户行	工行长沙市白沙支行		地址	北京市	开户行	农行北京市阜成支行

金额	人民币（大写）贰拾叁万柒仟捌佰元整	亿	千	百	十	万	千	百	十	元	角	分
				¥	2	3	7	8	0	0	0	0
款项内容	货款	托收凭证名称	销售发票、运费单				附寄单证张数	3				
商品发送情况	已发送	合同名称号码	2015018									
备注： 复核　　记账		上述款项已划回收入你方账户内 收款人开户银行签章 年　月　日										

此联作收款人开户凭以汇款或收款人开户银行作收账通知

小知识　托收承付结算

托收承付结算是根据购销合同由收款人发货后委托银行向异地付款人收取款项，由付款人向银行承认付款的结算方式。托收承付业务使用范围较小，监督严格且信用度高。根据《支付结算办法》的规定，托收承付结算只适用于异地企业之间订有经济合同的商品交易及因商品交易而产生的劳务提供款项的结算。代销、零售、赊销商品的款项不得办理托收承付结算。按照托收承付结算款的划回方式不同，可以分为邮划和电划。

托收承付凭证一式五联，第一联作收款人开户银行给收款人的受理回单；第二联收款人开户银行作贷方凭证；第三联付款人开户银行作借方凭证；第四联付款人开户银行凭以汇款或收款人开户银行作收账通知；第五联付款人开户银行给付款人按期付款通知。

2. 银行受理托收凭证

收款人开户银行审查受理后，将托收凭证第一联回单加盖银行业务受理章后退回收款人，收款人开户银行将有关单证寄交付款人开户银行，以通知付款人。收款人开户银行和付款人开户银行进行票据交换、审核、资金的划拨。款项到账后开户银行通知收款人办理收款。

3. 编制记账凭证

制单人员李明根据开户银行转来的托收凭证第四联收账通知，编制记账凭证（见表 4-105），并交予会计蒋晓霞审核。

表 4-105 记账凭证

2015 年 5 月 30 日　　　　记字第 18 号

摘 要	总账科目	明细科目	借方金额											贷方金额											√
			亿	千	百	十	万	千	百	十	元	角	分	亿	千	百	十	万	千	百	十	元	角	分	
收到前欠销售款	银行存款	农行北京阜成支行				2	3	7	8	0	0	0	0												
	应收账款	长沙商贸有限公司															2	3	7	8	0	0	0	0	
合		计			¥	2	3	7	8	0	0	0	0			¥	2	3	7	8	0	0	0	0	

附单据 1 张

会计主管：张云　　记账：　　审核：蒋晓霞　　制单：李明

4. 登记银行存款日记账

出纳人员曾丽根据审核无误的记账凭证，序时登记银行存款日记账（见表 4-106），同时在记账凭证中“记账”栏画上记账符号“√”。

表 4-106 银行存款日记账

开户行名称：农行北京阜成支行

15 年		凭证		摘 要	对方科目	借 方									贷 方									余 额								
月	日	字	号			百	十	万	千	百	十	元	角	分	百	十	万	千	百	十	元	角	分	百	十	万	千	百	十	元	角	分
5	1			月初余额																				1	6	3	8	2	2	9	5	0
5	1	记	11	申请签发银行汇票												1	2	0	0	0	0	0	0	1	5	1	8	2	2	9	5	0
5	7	记	12	退回多余款项					3	0	0	0	0	0										1	5	2	1	2	2	9	5	0
5	10	记	13	收到购货款			2	4	5	6	0	0	0	0										1	7	6	6	8	2	9	5	0
5	12	记	14	商业承兑汇票到期付款												1	1	7	0	0	0	0	0	1	6	4	9	8	2	9	5	0
5	13	记	15	收到前欠销售款			1	5	9	0	0	0	0	0										1	8	0	8	8	2	9	5	0
5	20	记	16	银行汇票到期付款												1	2	2	7	0	0	0	0	1	6	8	6	1	2	9	5	0
5	23	记	17	收到前欠销售款			1	4	2	8	0	0	0	0										1	7	2	8	9	2	9	5	0
5	30	记	18	收到前欠销售款			2	3	7	8	0	0	0	0										1	9	6	6	7	2	9	5	0

上岗一试

2015 年 9 月 18 日，永丰有限责任公司出售给上海日用品批发公司甲产品一批，发票价 52 000 元，增值税 8 840 元，商品已发送，全部款项已向银行办妥邮划方式的托收承付收款手续，双方约定采用验单付款的方式。合同号码为 2015067，上海日用品批发公司的账号为 33011440720428，开户银行为农行上海市中山支行。要求：填写托收承付的托收凭证（见表 4-107）。

表 4-107 中国农业银行托收凭证（受理回单） 1

委托日期： 年 月 日

业务类型	委托收款（□邮划、□电划）				委托承付（□邮划、□电划）													
付款人	全称				收款人	全称												
	账号					账号												
	地址	省 市（县）	开户行			地址				开户行								
金额	人民币（大写）				亿	千	百	十	万	千	百	十	元	角	分			
款项内容		托收凭证名称			附寄单证张数													
商品发送情况			合同名称号码															
备注： 复核 记账		款项收妥日期 年 月 日			收款人开户银行签章 年 月 日													

此联作收款人开户银行给收款人的受理回单

项目二 托收承付结算付款业务

学习目标

1. 能正确填写托收承付结算全部或部分拒绝付款理由书
2. 能正确进行托收承付结算付款业务的账务处理

工作任务

2015 年 5 月 31 日，永丰有限责任公司收到开户银行转来的托收承付结算方式下托收凭证的付款通知（见表 4-108）及附寄的增值税专用发票（见表 4-109，表 4-110）、运费单证（见表 4-111）等凭证，合同约定验单付款承付货款。

表 4-108　中国农业银行托收凭证（付款通知）5

No：3345690　　委托日期：2015 年 5 月 30 日　　付款期限 2015 年 6 月 2 日

<table>
<tr><td>业务类型</td><td colspan="5">委托收款（☐邮划、☐电划）</td><td colspan="5">委托承付（☑邮划、☐电划）</td></tr>
<tr><td rowspan="3">付款人</td><td>全称</td><td colspan="4">永丰有限责任公司</td><td rowspan="3">收款人</td><td>全称</td><td colspan="3">宁波万方有限责任公司</td></tr>
<tr><td>账号</td><td colspan="4">30020067124088</td><td>账号</td><td colspan="3">746463829299273</td></tr>
<tr><td>地址</td><td>北京市</td><td>开户行</td><td colspan="2">农行北京阜成支行</td><td>地址</td><td>浙江省宁波市</td><td>开户行</td><td>农行宁波市海曙支行</td></tr>
<tr><td rowspan="2">金额</td><td colspan="5" rowspan="2">人民币（大写）贰拾捌万零捌佰元整</td><td colspan="5">亿 千 百 十 万 千 百 十 元 角 分</td></tr>
<tr><td colspan="5">¥ 2 8 0 8 0 0 0 0</td></tr>
<tr><td>款项内容</td><td>货款</td><td colspan="2">托收凭证名称</td><td colspan="3">销售发票、运费单</td><td colspan="2">附寄单证张数</td><td colspan="2">3</td></tr>
<tr><td colspan="2">商品发送情况</td><td colspan="3">已发送</td><td colspan="2">合同名称号码</td><td colspan="4">201556879</td></tr>
<tr><td colspan="3">备注：

付款人开户银行收到日期
2015 年 5 月 30 日
复核　　记账</td><td colspan="4">中国农业银行北京阜成支行
2015年5月30日
转讫

付款人开户银行签章
2015 年 5 月 30 日</td><td colspan="4">付款人注意：
1．根据支付结算办法，上列委托收款（托收承付）款项在付款期限内未提出拒付，即视为同意付款，以此代付款通知
2．如需要提出全部或部分拒付，应在规定期限内，将拒绝付款理由书并附债务证明退交开户银行</td></tr>
</table>

此联付款人开户银行给付款人按期付款通知

表 4-109 浙江增值税专用发票

No：23006876

全国统一发票监制章 浙江 国家税务总局

发票联　　开票日期：2015 年 5 月 30 日

国税函［2015］102 号永丰有限责任公司

购货单位	名称：永丰有限责任公司 纳税人识别号：30020067124088 地址电话：北京市海淀区阜成路 88 号 开户行及账户：农行北京阜成支行 30020067124088	密码区	（略）

货物或应税劳务名称	规格型号	单位	数量	单价	金额	税率	税额
甲产品	X	件	2 000	120	240 000	17%	40 800
价税合计（大写）	人民币 贰拾捌万零仟捌佰零拾零元零角零分（小写）¥280 800.00						

销货单位	名称：宁波万方有限责任公司 纳税人识别号：3201202002235891 地址电话：宁波市海曙大道 66 号 0574-6526871 开户行及账户：农行宁波市海曙支行 746463829299273	备注	宁波万方有限责任公司 3201202002235891 发票专用章

收款人：毛科　　复核：江源　　开票人：毛科　　销货单位：（章）

表 4-110 浙江增值税专用发票

No：23006876

全国统一发票监制章 浙江 国家税务总局

抵扣联　　开票日期：2015 年 5 月 30 日

国税函［2015］102 号永丰有限责任公司

购货单位	名称：永丰有限责任公司 纳税人识别号：30020067124088 地址电话：北京市海淀区阜成路 88 号 开户行及账户：农行宁波市海曙支行 30020067124088	密码区	（略）

货物或应税劳务名称	规格型号	单位	数量	单价	金额	税率	税额
甲产品	X	件	2 000	120	240 000	17%	40 800
价税合计（大写）	人民币 贰拾捌万零仟捌佰零拾零元零角零分（小写）¥280 800.00						

销货单位	名称：宁波万方有限责任公司 纳税人识别号：3201202002235891 地址电话：宁波市海曙大道 66 号 0574-6526871 开户行及账户：农行宁波市海曙支行 746463829299273	备注	宁波万方有限责任公司 3201202002235891 发票专用章

收款人：毛科　　复核：江源　　开票人：毛科　　销货单位：（章）

表 4-111 宁波市公路货运收费发票

2015 年 5 月 26 日

装货地点	宁波万方有限责任公司				受理单位				受理编号	10381							
卸货地点	永丰有限责任公司				承运单位				运输公司	宁波宏达运输公司							
计费里程																	
货物名称	件数	包装	规格	托运重量	货物等级	运量	周转量	空驶运率	运价率	比价率	万	千	百	十	元	角	分
甲产品	2 000											3	8	0	0	0	0
包车原因						包车费率											
加减成条件							加减成%										
合计金额（大写）			人民币叁仟捌佰元整				合计				¥	3	8	0	0	0	0

制票单位： 支票人：王富 复核：周海浪 收款人：伍明

业务办理流程

1. 承兑付款

付款人开户银行收到托收凭证和附件后，应及时通知付款人付款。付款人应在承付期内审查核对，安排资金。承付货款分为验单付款和验货付款两种，由双方商量选用，并在合同中明确规定。

验单付款承付期限为 3 天，从付款人开户银行发出承兑通知的次日算起（承兑期内遇节假日顺延）；验货付款承付期限为 10 天，从运输部门向付款人发出提货通知的次日算起。

小知识 托收承付结算的基本规定

（1）使用托收承付结算方式的收款单位和付款单位，必须是国有企业，供销合作社及经营管理较好并经开户银行审查同意的城乡集体所有制工业企业。

（2）收款双方使用托收承付结算，必须签有符合《中华人民共和国经济合同法》的购销合同，并在合同上写明使用托收承付结算方式。

（3）收付双方办理托收承付结算，必须重合同，守信用。收款人对同一付款人发货托收累计 3 次收不回货款的，收款银行应暂停收款人办理托收；付款人累计 3 次提出无理由拒付的，付款人开户银行应暂停其对外办理托收。

（4）收款人办理托收，必须具有商品确已发运的证件。

（5）托收承付结算每笔的金额起点为 10 000 元，新华书店系统每笔金额起点为 1 000 元。

2. 通知开户行付款

付款人付款期内，未向银行提出异议，银行视做同意付款，并在付款期满的次日开始营业时，将款项主动划给收款人。无论验单付款还是验货付款，付款人都可以在承付期内提前向银行表示承付，并通知银行提前付款，银行应立即办理划款。

付款人在承付期满日银行营业终了时，如无足额资金支付，其不足部分，即为逾期未付款项。付款人开户银行应当根据逾期付款金额和逾期天数，按每天 0.05%计算逾期未付赔偿金。当付款人账户有款时，开户银行必须将逾期未付款项和应付的赔偿金及时扣划给收款人，不得拖延扣划。

付款人如果在验单或验货时发现收款单位托收款项计算错误或所收货物的品种、质量、规格、数量等与合同规定不符，可以在承付期内提出全部或部分拒付，并填制“拒绝付款理由书”向银行办理拒付手续。银行审查拒付理由，同意拒付的，在拒付理由书上签署意见，并将有关单证寄交收款人开户银行转交收款人。同时，付款人对所拒付的物资要妥善保管。

3. 编制记账凭证

制单人员李明根据托收凭证的第五联等有关单证，编制记账凭证（见表 4-112），并交予会计蒋晓霞审核。

表 4-112 记账凭证

2015 年 5 月 31 日　　　　记字第 19 号

摘要	总账科目	明细科目	借方金额											贷方金额											√
			亿	千	百	十	万	千	百	十	元	角	分	亿	千	百	十	万	千	百	十	元	角	分	
支付购货款	材料采购	甲产品				2	4	3	8	0	0	0	0												
	应交税费	应交增值税（进项税额）					4	0	8	0	0	0	0												
	银行存款	农行北京阜成支行															2	8	4	6	0	0	0	0	
合计					¥	2	8	4	6	0	0	0	0			¥	2	8	4	6	0	0	0	0	

附单据 3 张

会计主管：张云　　记账：　　审核：蒋晓霞　　制单：李明

4. 登记银行存款日记账

出纳人员曾丽根据审核无误的记账凭证，序时登记银行存款日记账（见表 4-113），同时在记账凭证中“记账”栏画上记账符号“√”。

表 4-113　银行存款日记账

开户行名称：农行北京阜成支行

15年		凭证		摘 要	对方科目	借 方									贷 方									余 额								
月	日	字	号			百	十	万	千	百	十	元	角	分	百	十	万	千	百	十	元	角	分	百	十	万	千	百	十	元	角	分
5	1			月初余额																				1	6	3	8	2	2	9	5	0
5	1	记	11	申请签发银行汇票												1	2	0	0	0	0	0	0	1	5	1	8	2	2	9	5	0
5	7	记	12	退回多余款项					3	0	0	0	0	0										1	5	2	1	2	2	9	5	0
5	10	记	13	收到购货款			2	4	5	6	0	0	0	0										1	7	6	6	8	2	9	5	0
5	12	记	14	商业承兑汇票到期付款												1	1	7	0	0	0	0	0	1	6	4	9	8	2	9	5	0
5	13	记	15	收到前欠销售货款			1	5	9	0	0	0	0	0										1	8	0	8	8	2	9	5	0
5	20	记	16	银行汇票到期付款												1	2	2	7	0	0	0	0	1	6	8	6	1	2	9	5	0
5	23	记	17	收到前欠销售款			1	4	2	8	0	0	0	0										1	7	2	8	9	2	9	5	0
5	30	记	18	收到前欠销售款			2	3	7	8	0	0	0	0										1	9	6	6	7	2	9	5	0
5	31	记	19	支付购货款												2	8	4	6	0	0	0	0	1	6	8	2	1	2	9	5	0

上岗一试

永丰有限责任公司向江苏科龙有限责任公司采购货物一批。双方约定采用验货付款的托收承付结算方式。2015 年 8 月 20 日收到开户银行转来的托收凭证第五联付款通知（见表 4-114）和附寄单据。根据托收凭证和合同相关规定，货到后，永丰有限责任公司发现货物质量完全不符合合同要求，提出全部拒付，于 2015 年 8 月 23 日填写拒绝付款理由书，与原转来的 3 张单证一并交其开户银行。要求：填写托收承付的拒绝付款理由书（见表 4-115）。

表 4-114 中国农业银行托收凭证（付款通知）5

付款期限 2015 年 8 月 30 日

No：331090　　委托日期：2015 年 8 月 20 日

<table>
<tr><td colspan="2">业务类型</td><td colspan="3">委托收款（□邮划、□电划）</td><td colspan="5">委托承付（☑邮划、□电划）</td></tr>
<tr><td rowspan="3">付款人</td><td>全称</td><td colspan="3">永丰有限责任公司</td><td rowspan="3">收款人</td><td>全称</td><td colspan="3">江苏科龙有限责任公司</td></tr>
<tr><td>账号</td><td colspan="3">30020067124088</td><td>账号</td><td colspan="3">678781225660988</td></tr>
<tr><td>地址</td><td>北京市</td><td>开户行</td><td>农行北京市阜成支行</td><td>地址</td><td>江苏省盐城市</td><td>开户行</td><td>农行江苏市盐城支行</td></tr>
</table>

金额	亿	千	百	十	万	千	百	十	元	角	分
人民币（大写）贰万玖仟肆佰元整				¥	2	9	4	0	0	0	0

款项内容	货款	托收凭证名称	销售发票、运费单	附寄单证张数	3
商品发送情况	已发送	合同名称号码	2015082090		

备注：

付款人开户银行收到日期

2015 年 8 月 20 日

复核　　记账

中国农业银行北京阜成支行 2015年8月20日 转讫

付款人开户银行签章

2015 年 8 月 20 日

付款人注意：

1. 根据支付结算办法，上列委托收款（托收承付）款项在付款期限内未提出拒付，即视为同意付款，以此代付款通知

2. 如需要提出全部或部分拒付，应在规定期限内，将拒绝付款理由书并附债务证明退交开户银行

此联付款人开户银行给付款人按期付款通知

表 4-115 托收承付全部委托收款结算部分拒绝付款理由书（回单或付款通知）1

拒付日期：　年　月　日　　原托收号码：

<table>
<tr><td rowspan="3">付款人</td><td>全称</td><td></td><td rowspan="3">收款人</td><td>全称</td><td></td></tr>
<tr><td>账号</td><td></td><td>账号</td><td></td></tr>
<tr><td>开户银行</td><td></td><td>开户银行</td><td></td></tr>
</table>

托收金额		拒付金额		亿	千	百	十	万	千	百	十	元	角	分

附寄单据		部分付款的金额（大写）	

拒付理由：

付款人签章

此联为银行给付款人的回单或付款通知

模块九　银行存款余额调节表编制业务

项目一　编制银行存款余额调节表

学习目标

1. 能正确进行账单核对
2. 能正确编制银行存款余额调节表
3. 能正确进行银行存款余额调节表编制业务的账务处理

工作任务

永丰有限责任公司2015年6月银行存款日记账和银行存款对账单如表4-116和表4-117所示。

表4-116　银行存款日记账

开户行名称：农行北京阜成支行

15年		凭证		摘要	对方科目	借方									贷方									余额								
月	日	字	号			百	十	万	千	百	十	元	角	分	百	十	万	千	百	十	元	角	分	百	十	万	千	百	十	元	角	分
6	1			月初余额																					5	8	3	8	1	0	0	0
	2	收	60	销售产品			1	0	9	8	1	0	0	0											6	9	3	6	2	0	0	0
	5	付	75	付购材料款													1	5	4	2	0	0	0		6	7	8	2	0	0	0	0
	5	付	76	付财产保险费													8	0	1	2	0	0	0		5	9	8	0	8	0	0	0
	7	付	77	支付现金														1	0	0	0	0	0		5	9	7	0	8	0	0	0
	8	付	78	偿还贷款													3	8	5	6	0	0	0		5	5	8	5	2	0	0	0
	10	付	79	支付广告费													1	0	0	0	0	0	0		5	4	8	5	2	0	0	0
	14	付	80	付养老保险费													3	7	1	6	0	0	0		5	1	1	3	6	0	0	0
	15	收	61	收回货款				5	0	0	0	0	0	0											5	6	1	3	6	0	0	0
	16	付	81	代垫运杂费														2	0	0	0	0	0		5	5	9	3	6	0	0	0
	18	付	82	预付差旅费														5	0	0	0	0	0		5	5	4	3	6	0	0	0
	21	付	83	购入设备												1	0	0	0	0	0	0	0		4	5	4	3	6	0	0	0
	22	收	62	预收账款				6	0	0	0	0	0	0											5	1	4	3	6	0	0	0
	23	付	84	支付印花税														1	0	0	0	0	0		5	1	3	3	6	0	0	0
	24	付	85	购买办公用品															8	0	0	0	0		5	1	2	5	6	0	0	0

续表

15年		凭证		摘要	对方科目	借方									贷方									余额								
月	日	字	号			百	十	万	千	百	十	元	角	分	百	十	万	千	百	十	元	角	分	百	十	万	千	百	十	元	角	分
	25	付	86	预付货款													8	0	0	0	0	0	0		4	3	2	5	6	0	0	0
	26	收	63	存入现金						5	0	0	0	0											4	3	3	0	6	0	0	0
	27	收	64	收到税款返还				2	0	0	0	0	0	0											4	5	3	0	6	0	0	0
	28	付	87	上缴增值税													5	0	3	8	0	0	0		4	0	2	0	8	0	0	0
	28	收	65	收回货款			1	5	0	0	0	0	0	0											5	5	2	6	8	0	0	0
	28	付	88	购转账支票																2	5	0	0		5	5	2	6	5	5	0	0
	30			本月合计			3	9	0	3	1	0	0	0		4	2	1	4	6	5	0	0	¥	5	5	2	6	5	5	0	0

表 4-117　银行存款对账单

开户行名称：农行北京阜成支行

15年		凭证种类	摘要	对方科目	借方									贷方									余额								
月	日				百	十	万	千	百	十	元	角	分	百	十	万	千	百	十	元	角	分	百	十	万	千	百	十	元	角	分
6	1		月初余额																					5	8	3	8	1	0	0	0
	2	汇票	收款												1	0	9	8	1	0	0	0		6	9	3	6	2	0	0	0
	5	转支	付货款				1	5	4	2	0	0	0											6	7	8	2	0	0	0	0
	7	现支	提现					1	0	0	0	0	0											6	7	7	2	0	0	0	
	8	转支	付货款				3	8	5	6	0	0	0											6	3	8	6	4	0	0	0
	10	转支	付广告费				1	0	0	0	0	0	0											6	2	8	6	4	0	0	0
	14	转支	付养老金				3	7	1	6	0	0	0											5	9	1	4	8	0	0	0
	15	转支	付失业保险金					8	0	0	0	0	0											5	8	3	4	8	0	0	0
	16	转支	代运费					2	0	0	0	0	0											5	8	1	4	8	0	0	0
	21	特转	收利息															3	1	8	0	0		5	8	1	7	9	8	0	0
	21	汇票	付设备款			1	0	0	0	0	0	0	0											4	8	1	7	9	8	0	0
	22	汇票	收账款													6	0	0	0	0	0	0		5	4	1	7	9	8	0	0
	24	转支	付办公费						8	0	0	0	0											5	4	0	9	9	8	0	0
	25	电汇	付货款				8	0	0	0	0	0	0											4	6	0	9	9	8	0	0
	26	特转	存现															5	0	0	0	0		4	6	1	4	9	8	0	0
	28	特转	交税				5	0	3	8	0	0	0											4	1	1	1	1	8	0	0
	28	委收	收货款												1	5	0	0	0	0	0	0		5	6	1	1	1	8	0	0
	28	委收	收货款													1	7	0	0	0	0	0		5	7	8	1	1	8	0	0
	28	特转	购支票							2	5	0	0											5	7	8	0	9	3	0	0
														可用余额：¥578 093.00																	

1. 核对账单

基于企业内部控制的要求，企业出纳人员不能承担期末账单对账和银行余额调节表的编制工作，此项工作应由出纳以外的会计人员来承担。银行每月会定期打印客户的对账单，会计人员应定期核对出纳的银行存款日记账与银行对账单，查找核对不符的账目。银行存款日记账中核对不符项目，如表 4-118 所示，银行对账单中核对不符项目，如表 4-119 所示。

表 4-118　银行存款日记账

开户行名称：农行北京阜成支行

15 年		凭证		摘 要	对方科目	借 方									贷 方									余 额								
月	日	字	号			百	十	万	千	百	十	元	角	分	百	十	万	千	百	十	元	角	分	百	十	万	千	百	十	元	角	分
6	5	付	76	付财产保险费													8	0	1	2	0	0	0		5	9	8	0	8	0	0	0
	15	收	61	收回货款				5	0	0	0	0	0	0											5	6	1	3	6	0	0	0
	18	付	82	预付差旅费														5	0	0	0	0	0		5	5	4	3	6	0	0	0
	23	付	84	支付印花税														1	0	0	0	0	0		5	1	3	3	6	0	0	0
	27	收	64	收到税款返回				2	0	0	0	0	0	0											4	5	3	0	6	0	0	0

表 4-119　银行存款对账单

开户行名称：农行北京阜成支行

15 年		凭证	摘 要	对方	借 方									贷 方									余 额								
月	日	凭证种类		科目	百	十	万	千	百	十	元	角	分	百	十	万	千	百	十	元	角	分	百	十	万	千	百	十	元	角	分
6	15	转支	付失业保险金					8	0	0	0	0	0																		
6	21	特转	收利息															3	1	8	0	0									
6	28	委收	收货款													1	7	0	0	0	0	0									

2. 编制银行存款余额调节表

通过核对账单，根据不符账项编制银行存款余额调节表（见表 4-120），进一步查找不符账项原因。一般情况下导致账单不一致的原因主要包括两类：其一是存在未达款项；其二是错账。

> 📖 小知识　**未达款项**
>
> 未达款项是由于企业和银行取得凭证的时间不同，导致记账时间不一致而发生的一方已经取得结算凭证登记入账，另一方尚未取得有关凭证尚未登记入账的款项。未达款项主要包括四种类型：企业已收，银行未收；企业已付，银行未付；银行已收，企业未收；银行已付，企业未付。

表 4-120 银行存款余额调节表

2015 年 6 月 30 日

单位：永丰有限责任公司　　　　单位：元

项　目	金　额	项　目	金　额
企业银行存款日记账余额	552 655.00	银行对账单余额	578 093.00
加：银行已收，企业未收款	17 318.00	加：企业已收，银行未收款	70 000.00
减：银行已付，企业未付款	8 000.00	减：企业已付，银行未付款	86 120.00
调节后的银行存款余额	¥561 973.00	调节后的银行存款余额	¥561 973.00

银行存款余额调节表的结果显示双方账目余额相等，说明双方记账基本没有差错。但在收、付款原始凭证尚未送达之前，出纳不必调整银行存款日记账的账面记录，绝不能以银行存款余额调节表作为记账的凭证。

如果调节后双方账目余额不相等，则说明账簿记账差错，需要进一步查明原因，予以更正。

上岗一试

永丰有限责任公司 2015 年 11 月 30 日银行存款日记账余额为 556 000.00 元，银行对账单余额为 566 000.00 元。经核对，有下列未达款项：

（1）11 月 6 日，公司送存银行 6 000 元，银行尚未入账。

（2）11 月 13 日，公司开出转账支票一张，金额 6 800 元，持票人尚未到银行办理有关手续。

（3）11 月 20 日，公司委托银行收款 15 000 元，银行已收妥，公司尚未收到银行收款通知凭证。

（4）11 月 26 日，银行代付电话费 2 800 元，公司尚未收到银行付款通知凭证。

要求：编制银行存款余额调节表（见表 4-121）。

表 4-121 银行存款余额调节表

年　月　日

单位：　　　　单位：元

项　目	金　额	项　目	金　额
企业银行存款日记账余额		银行对账单余额	
加：银行已收，企业未收款		加：企业已收，银行未收款	
减：银行已付，企业未付款		减：企业已付，银行未付款	
调节后的银行存款余额		调节后的银行存款余额	

模块十　银行账户的开立与撤销

项目一　银行账户的开立

学习目标

1. 了解银行账户的开立流程
2. 掌握开立银行账户时所需表格的填写方法

机关、团体、企事业单位，以及想在日常经济活动中便于结算的个体工商户（以上都可以称之为存款人），都可以在银行（或信用社）开立存款账户。出纳员应当了解和参与银行账户的开立过程，以便与银行打交道。

一、开户银行的选择

（一）银行存款账户的种类

现行《银行账户管理办法》规定，存款人可以自主选择银行，银行也可以自愿选择存款人开立账户。任何单位和个人不得干预存款人、银行开立或使用账户。

银行存款账户分为基本存款账户、一般存款账户、临时存款账户和专用存款账户。基本存款账户是存款人办理日常转账结算和现金收付的账户，存款人的工资、奖金等现金的支取，只能通过本账户办理。一般存款账户是存款人在基本存款账户以外的银行借款转存、与基本存款账户的存款人不在同一地点的附属非独立核算单位开立的账户，存款人可以通过本账户办理转账结算和现金缴存，但不能办理现金支取。临时存款账户是存款人因临时经营活动需要开立的账户，存款人可以通过本账户办理转账结算和根据国家现金管理的规定办理现金收付。专用存款账户是存款人因特定用途需要开立的账户。原则上存款人只能在银行开立一个基本存款账户。

（二）企业选择基本存款账户要考虑的条件

1. 单位与银行是否就近

企业与银行距离近、交通方便，一方面有利于办理现金业务时相对安全，另一方面又可以节省路途时间，提高工作效率。

2. 银行服务设施和开办的业务是否先进齐全，服务质量是否较高

结算手段先进的银行，如通汇网点多、电子化水平高、开通全国电子联行业务等，可以减少资金在途时间，增强资金的利用率。结算手段丰富的银行有利于异地结算的快速办理，除能够办理一般存款业务和结算业务以外，诸如贴现、转贴现、银行承兑汇票、担保、融资租赁等业务的银行，则有可能使企业通过持有的远期票据提前获得资金或设备。

3. 银行信贷资金是否雄厚

银行信贷资金雄厚，能够在企业资金困难时期提供一定的贷款支持。经营业绩好的银行，将资金存入这样的银行可以降低资金的风险，而且可以在缺少资金时获得贷款。

二、基本存款账户的开立

（一）提交相关资料

（1）企业应提交当地工商行政管理部门核发的《企业法人执照》或《营业执照》正本。

（2）提交经公安部门批准刻制的与营业执照名称完全相同的公章和财务专用章。

（3）企业法人名章、财务负责人名章及出纳人员名章。

（4）当地计量部门办理的代码证。有的地方还要求提交税务部门核发的税务登记证。

机关、事业单位开户应有中央或地方编制委员、人事、民政等部门的批文，个人开户要有居民身份证和户口簿。

（二）填写开户申请表（见表 4-122）

表 4-122　××银行开户申请表

<table>
<tr><td>存款人名称</td><td colspan="2"></td><td>电话</td><td colspan="2"></td></tr>
<tr><td>地址</td><td colspan="2"></td><td>邮编</td><td colspan="2"></td></tr>
<tr><td>存款人类别</td><td></td><td>组织机构代码</td><td colspan="3"></td></tr>
<tr><td rowspan="2">法定代表人或
单位负责人</td><td>姓名</td><td colspan="4"></td></tr>
<tr><td>证件种类</td><td></td><td>证件号码</td><td colspan="2"></td></tr>
<tr><td>行业分类</td><td colspan="5">A（　）B（　）C（　）D（　）E（　）F（　）G（　）H（　）I（　）J（　）
K（　）L（　）M（　）N（　）O（　）P（　）Q（　）R（　）S（　）T（　）</td></tr>
<tr><td>注册资金</td><td colspan="2"></td><td>地区代码</td><td colspan="2"></td></tr>
<tr><td>经营范围</td><td colspan="5"></td></tr>
<tr><td>证明文件种类</td><td colspan="2"></td><td>证件文件编号</td><td colspan="2"></td></tr>
<tr><td>税务登记证
（国税和地税）编号</td><td colspan="5"></td></tr>
<tr><td>关联企业名称</td><td colspan="5"></td></tr>
<tr><td>账户性质</td><td colspan="5">基本（　）　一般（　）　专用（　）　临时（　）</td></tr>
<tr><td>资金性质</td><td></td><td>有效期至</td><td colspan="3">年　月　日</td></tr>
<tr><td colspan="6">以下为存款人上级法人或主管单位信息：</td></tr>
<tr><td colspan="2">上级法人或主管单位信息</td><td colspan="4"></td></tr>
<tr><td colspan="2">主管存款账户开户许可证核准号</td><td></td><td>组织机构代码</td><td colspan="2"></td></tr>
<tr><td rowspan="3">法定代表人
或单位负责人</td><td>姓名</td><td colspan="4"></td></tr>
<tr><td>证件种类</td><td colspan="4"></td></tr>
<tr><td>证件号码</td><td colspan="4"></td></tr>
<tr><td colspan="6">以下栏目由开户银行审核后填写：</td></tr>
<tr><td>开户银行名称</td><td colspan="2"></td><td>开户银行代码</td><td colspan="2"></td></tr>
<tr><td>账户名称</td><td colspan="2"></td><td>账户</td><td colspan="2"></td></tr>
<tr><td>开户核准号</td><td colspan="2"></td><td>开户日期</td><td colspan="2"></td></tr>
<tr><td colspan="2">本存款人申请开立单位银行结算账户，并承诺所提供的开户资料真实、有效。
存款人（公章）
年　月　日</td><td colspan="2">开户银行审核意见：
经办人（签章）
银行（签章）
年　月　日</td><td colspan="2">人民银行审核意见：
（非核准类账户除外）
经办人（签章）
人民银行（签章）
年　月　日</td></tr>
</table>

有关栏目填写说明如下所示。

（1）存款人名称：填写单位全称。

（2）地址：按营业执照地址填写。

（3）组织机构代码：填写本单位组织机构代码证上的代码。

（4）法定代表人或单位负责人：企业董事长或单位第一领导人。

（5）证件种类：填写身份证。

（6）注册资金：按营业执照注册资金填写。

（7）地区代码：按银行公布的地区代码填写。

（8）证明文件种类：填写营业执照或登记证、批文。

（9）税务登记证编号：填写国税和地税登记证编号。

（10）关联企业名称：填写与本企业有利益关联的企业，如母公司、子公司、同一母公司下的子公司。

（11）账户性质：在所要开立的账户后括号内打钩。

（12）资金性质：开立专用存款账户时填写所存资金的用途。

（13）开立临时存款账户时填写到期的时间。

（14）上级法人或主管单位信息：填写上级法人或主管单位的信息。

（15）存款人（公章）：加盖单位行政公章。

（三）送交印鉴卡片

印鉴卡是由银行签发的，单位财务盖章的卡片包括户名、地址、电话、启用日期、申请开户单位印鉴、银行印鉴及印鉴使用说明等内容，其样式如表 4-123 所示。

表 4-123　××银行××分行××支行印鉴卡

<table>
<tr><td>户名</td><td colspan="5"></td></tr>
<tr><td>地址</td><td colspan="2"></td><td>电话</td><td colspan="2"></td></tr>
<tr><td>启用日期</td><td colspan="5">年　月　日</td></tr>
<tr><td colspan="2">申请开户单位印鉴</td><td colspan="2"></td><td>××银行印鉴</td><td></td></tr>
<tr><td colspan="2" rowspan="4">单位财务专用章</td><td rowspan="2">财务主管</td><td>签章</td><td colspan="2" rowspan="4"></td></tr>
<tr><td></td></tr>
<tr><td rowspan="2">出纳人员</td><td>签章</td></tr>
<tr><td></td></tr>
<tr><td colspan="2">印鉴使用说明</td><td colspan="4"></td></tr>
</table>

（四）开户许可证

银行对企业报送的开户资料进行审核，符合开户条件的，予以核准并打印银行开户许可证（见表 4-124，由开户银行交给企业。不符合开户条件的，出具审核意见连同开户资料一并退回。

表 4-124 开户许可证

开户许可证	
核准号：J4200001638805	编　号：4201-00054867
经审核，永丰有限公司	符合开户条件，准予开立基本存款账户。
法定代表人（单位负责人）杨军	开户银行：农行北京阜成支行
账户：30020067124088	发证机关（盖章）
	2015 年 8 月 15 日

（五）开立账户

三、一般存款户的开立

申请开立一般存款账户需向银行提交的材料包括：

（1）开立基本账户需提供的材料。

（2）基本存款账户开立许可证。

（3）因借款需要开立的，应出具借款合同。

四、专用存款账户的开立

申请开立专用存款户需向银行提交的材料包括：

（1）开立基本账户需提供的材料。

（2）基本存款账户开户许可证。

（3）专用资金管理的批文或证明文件。

五、临时存款账户的开立

申请开立临时存款账户需向银行提交的材料包括：

（1）临时机构。驻在地主管部门同意设立临时机构的批文。

（2）异地建筑施工及安装单位。

1、营业执照正本；

2、基本存款账户开户许可证；

3、施工及安装地建设主管部门核发的许可证或建筑施工及安装合同。

（3）异地临时经营单位。

1、营业执照正本；

2、基本存款户开户许可证；

3、临时经营地工商行政管理部门的批文。

项目二　银行基本存款账户的撤销

学习目标

了解银行基本存款账户撤销的流程。

一、企业撤销银行基本存款账户的原因

（1）企业因各种原因终止。

（2）企业重新选择开户银行。

（3）1 年（按对月对日计算）未发生收付活动的账户。

开户银行因通过存款人自发出通知起 30 日内来办理销户手续，逾期视同自愿销户。

二、企业撤销银行基本存款账户的流程

企业应到原开户银行办理账户撤销手续，填写撤销银行账户申请书（见表 4-125），与开户银行核对账户余额，经开户银行审查同意后，撤销基本存款账户。企业基本存款账户撤销后可以在另一家银行开立新账户。

表 4-125　撤销银行账户申请书

<table>
<tr><td>账户名称</td><td colspan="3"></td></tr>
<tr><td>开户银行名称</td><td colspan="3"></td></tr>
<tr><td>开户银行代码</td><td></td><td>账号</td><td></td></tr>
<tr><td>账户性质</td><td colspan="3"></td></tr>
<tr><td>开户许可证核准号</td><td colspan="3"></td></tr>
<tr><td>销户原因</td><td colspan="3"></td></tr>
<tr><td colspan="2">开户银行：
本存款人申请撤销上述银行账户。
存款人（签章）
年　月　日</td><td colspan="2">开户银行审核意见：
开户银行（签章）
年　月　日</td></tr>
</table>

出纳岗位实训

一、岗位职责

（1）按照国家有关现金管理和银行结算制度的规定，办理现金收付和银行结算业务。

（2）根据会计制度的规定，在办理现金和银行存款收付业务时，要严格审核有关原始凭证，再据以编制收付款凭证，然后根据编制的收付款凭证逐日逐笔登记库存现金日记账和银行存款日记账，并结出余额。

（3）根据国家外汇管理和结汇制度的规定及有关批件，办理外汇出纳业务。

（4）掌握银行存款余额，不准签发空头支票，不准出租出借银行账户为其他单位办理结算。

（5）保证库存现金和有价证券的安全和完整。

（6）保管有关印章、空头收据、空白支票。

二、岗位实训内容与要求

（1）负责设置并登记现金、银行存款日记账。

（2）负责保管和签发支票，办理支票借用及报账。

（3）负责库存现金管理。

（4）负责填制各种结算凭证，如支票、收据、增值税专用发票、收料单和各种银行结算凭证等，办理日常的转账结算工作。

三、岗位实训目的

（1）了解出纳会计岗位的职责。

（2）掌握出纳工作相关的基础知识。

（3）掌握银行结算的特点、各种结算凭证的填写及结算程序。

（4）理解现金管理的有关规定。

（5）掌握出纳日常业务的核算。

四、岗位实训操作

实训项目	出纳岗位核算
实训目的	熟悉出纳岗位的基本职责，业务流程；熟悉并能填制各类原始凭证；学会审核凭证并办理款项结算业务，学会登记现金、银行存款日记账
实训资料	1．实训企业概况 企业名称：永丰有限责任公司 地址：北京阜成路88号 法人代表：杨军
实训资料	注册资金：1 000万元 企业类型：有限责任公司（增值税一般纳税人） 经营范围：电器产品开发、生产、销售 纳税人登记号：30023357832108

续表

实训项目	出纳岗位核算
实训资料	开户银行：农行北京阜成支行 基本账户账号：30020067124088 2．期初有关账户余额 库存现金：¥1 000.00 元 银行存款基本户：200 000.00 元 税储户：5 000.00 元 3．2015 年 12 月有关业务附后 4．所需凭证账页 记账凭证（通用或专用凭证）、三栏式日记账或明细账页
实训任务	1．熟练填制各种原始单据，并据以编制记账凭证； 2．登记库存现金日记账、银行存款日记账； 3．登记其他货币资金明细账； 4．编制银行存款余额调节表。

2015 年 12 月永丰有限责任公司发生的有关经济业务（原始凭证附后）如下所示。

（1）1 日，开出现金支票（13329553#）一张，提现 3 000 元备用。（要求填制现金支票）

（2）1 日，转账 6 000 元至本公司税储账户（北京农业银行香山支行 99017-3765990）。（要求填制转账支票 132463703#和进账单）

（3）1 日，收到银行转来的资金汇划补充凭证一张，金额 150 000 元，为佳尚公司用电汇方式归还上月所欠货款。

（4）2 日，职工王丽出差，填妥借款单，借差旅费 1 500 元，已用现金给付。

（5）3 日，向银行购买凭证：转账支票 2 本（每本工本费 5 元，每本手续费 25 元）；电汇凭证 1 本（工本费 5 元，邮电费 100 元，手续费 15 元）。（要求填制领购单）

（6）3 日，异地采购材料 A，根据供应单位开具的增值税专用发票，材料采购款项共 81 900 元，其中，材料采购成本为 70 000 元，增值税进项税额为 11 900 元，现用电汇方式支付货款。材料已验收入库，仓库已填制收料单。（要求填制电汇凭证）

（7）4 日，向本市乐嘉公司（税务登记号 320122476734）销售 A 产品 5 件，单价 100 元。税价合计 585 元，现金结算，开出普通发票并将收到的现金送存银行。（要求开具普通销售发票并填制现金缴款单）

（8）4 日，上月末现金清查中短缺现金 200 元的原因已查明，是出纳员曾丽工作失职造成的，曾丽当即交回现金 200 元以作赔偿。（要求开收据）

（9）8 日，现金支付餐饮费 800 元，办公用品 200 元。

（10）9 日，收到银行转来的银行汇票第四联（多余款收账通知），企业上月到仁和公司采购的银行汇票多余款 4 500 元已退回。

（11）10 日，转账 101 500 元至储蓄账户（农行北京清河支行 33014-900215）向职工发放工资（13246371#）。（要求填制转账支票 13246371#和进账单）

（12）14 日，企业向广源公司（税务登记号：32015573772387，开户行及账号：农行卫岗分理处 33013-972376531，地址及电话：房山区桃园路 8 号，010-84860000）销售 A 产品 1 000 只，单价 300 元，价款 300 000 元，增值税销项税额 51 000 元，收到对方如数填写的转账支票一张。（要求向对方开具增值税专用发票并填好进账单交存银行）

（13）15 日，企业拟向胜普公司（中行中山分理处 13101-5692371157）采购 B 材料，向银行提交“银行本票申请书”，并将款项 50 000 元从银行账户中转出交存银行，收到银行签发的银行本票和银行盖章退回的申请书存根联。（要求填制银行本票申请书）

（14）16 日，因生产需要向银行贷款 500 000 元，根据借款合同，银行已将款项划拨到账。

（15）18 日，王丽出差回来报销差旅费，有关的费用单据共计 1 375 元，余额 125 元交回现金。（要求开具现金收据）

（16）20 日，企业拟到天津建汇公司（建行草庐支行 94022-82134291）采购材料，向银行提交“银行汇票申请书”并将款项 100 000 元从银行账户中转出交存银行，收到银行签发的银行汇票和银行盖章退回的申请书存根联。（要求填制银行汇票申请书）

（17）26 日，收到银行转来的委托收款凭证的付款通知（77543#）和电话收票单据，支付电话费 2 260 元。

（18）30 日，进行现金清查，发现现金溢余 100 元，原因待查。

（19）2016 年 1 月 2 日，收到银行送来的企业 12 月银行存款（基本结算户）的对账单。

【业务 1】

<table>
<tr><td>中国农业银行
现金支票存根（京）
BM/02 13329553
附加信息：

出票日期 年 月 日
收款人：
金 额：
用 途：
单位主管 会计</td>
<td>中 国 农 业 银 行 现金支票 （京）BM/02 13329553
本支票付款期限十天
出票日期（大写） 年 月 日 付款行名称：
收款人： 出票人账号：
人民币（大写） 亿 千 百 十 万 千 百 十 元 角 分
用途
上列款项请从
我账户内支付
出票人签章
复核 记账</td></tr>
</table>

【业务 2-1】

中国农业银行 现金支票存根（京） BM/02 132463703 附加信息： 出票日期 年 月 日 收款人： 金 额： 用 途： 单位主管 会计	本支票付款期限十天	中国农业银行 现金支票 （京）BM/02 132463703 出票日期（大写） 年 月 日 付款行名称： 收款人： 出票人账号： 人民币（大写） 亿 千 百 十 万 千 百 十 元 角 分 用途 上列款项请从 我账户内支付 出票人签章 复核 记账

【业务 2-2】

No:37537758

中国农业银行 **进账单** （送票回执） 1

年 月 日

付款人	全称		收款人	全称											
	账号			账号											
	开户银行			开户银行											
人民币（大写）					千	百	十	万	千	百	十	元	角	分	
票据种类															
票据张数															
凭证号码															
单位主管 会计 复核 记账			收款单位开户行盖章												

此联是受理行作送交票据人的回单

【业务 3】

中国农业银行 **资金汇划补充凭证** （贷方回单）

收报日期：2015-12-1

行号：阜成支行营业部

业务种类：汇兑

收款人账号：33011809032591　　付款人账号：12020668753244

收款人户名：永丰有限责任公司

付款人户名：佳尚公司

大写金额：壹拾伍万元整

小写金额：¥150 000.00

发报流水号：004030109　　收报流水号：005172669

发报行行号：北京阜成支行　　收报行行号：11330110

打印日期：2015-12-1

用途：购货款　　付款类型：非延期付款

客户附言：

银行附言：

中国农业银行北京阜成支行 2015年12月1日 转讫

【业务 4】

借款单

2015 年 12 月 01 日　　字第 0021 号

借款人	王丽	借款事由	参加天津展销会		
所属部门	销售部				
借款金额 人民币（大写）	壹仟伍佰元整　现金付讫	核准金额	人民币 （大写）　壹仟伍佰元整		
审批意见： 同意借支 杨军　2015 年 12 月 1 日		归还 期限	1 月 1 日	归还 方式	回来 报账

会计主管：蒋晓霞　复核：于前　出纳：曾丽　借款人：王丽

【业务 5】

中国农业银行结算业务收费凭证（存根）

年　　月　　日

领用单位　　　　　　账号　　　　　　户名　　　　　　　　　第 1 号

凭证名称	起止号码	单位	数量	工本费					邮电费							手续费					
				单价	拾	元	角	分	单价	仟	佰	拾	元	角	分	单价	佰	拾	元	角	分

合计金额	人民币（大写）	万	千	百	十	元	角	分

单位主管　　　会计　　　复核　　　记账　　　　　　开户银行盖章

此联为结算业务收费存根

【业务 6-1】

收料单

材料科目：原材料　　　　　　　　　　　　　　　　　　编号：111

材料类型：原材料及主要材料　　　　　　　　　　　　　收料仓库：1 号仓库

供应单位：扬州三和公司　　　　2015 年 12 月 3 日　　　　发票号码：71031

材料编号	材料名称	规格	计量单位	数量		实际价格				计划价格	
				应收	实收	单价	发票金额	运费	合计	单价	金额
015	A	T1	kg	700	700	100	70 000		70 000		
备注											

采购员：　　　　检验员：唐毅　　　　记账员：　　　　保管员：朱明

交财务部门记账

【业务 6-2】

江苏省增值税专用发票

发票联

No：03071031

开票日期：2015 年 12 月 1 日

<table>
<tr><td rowspan="4">购货单位</td><td colspan="5">名称：永丰有限责任公司</td><td rowspan="4">密码区</td><td colspan="3" rowspan="4"></td></tr>
<tr><td colspan="5">纳税人识别号：30023357832108</td></tr>
<tr><td colspan="5">地址电话：北京阜成路 88 号 010-2058034</td></tr>
<tr><td colspan="5">开户行及账户：农行北京阜成支行 30020067124088</td></tr>
<tr><td colspan="2">货物或应税劳务名称</td><td>规格型号</td><td>单位</td><td>数量</td><td>单价</td><td>金额</td><td>税率</td><td>税额</td></tr>
<tr><td colspan="2">A 材料</td><td>H-1</td><td>千克</td><td>700</td><td>100</td><td>70 000</td><td>17%</td><td>11 900</td></tr>
<tr><td colspan="2">价税合计（大写）</td><td colspan="7">人民币捌万壹仟玖佰零拾零元零角零分　（小写）¥81 900.00</td></tr>
<tr><td rowspan="4">销货单位</td><td colspan="4">名称：扬州三和公司</td><td rowspan="4">备注</td><td colspan="3" rowspan="4">扬州三和有限责任公司 财务专用章</td></tr>
<tr><td colspan="4">纳税人识别号：32070280031737</td></tr>
<tr><td colspan="4">地址电话：扬州市广陵路 9 号 0514-8790 7521</td></tr>
<tr><td colspan="4">开户行及账户：农行广陵支行 39012589143378</td></tr>
</table>

收款人：XXX　　复核：傅禾　　开票人：金波　　销货单位：（章）

第二联 发票联

【业务 6-3】

中国农业银行电汇凭证（回单）

委托日期　　年　　月　　日　　　京 A67849009

<table>
<tr><td rowspan="4">汇款人</td><td>全称</td><td colspan="3"></td><td rowspan="4">收款人</td><td>全称</td><td colspan="10"></td></tr>
<tr><td>账号</td><td colspan="3"></td><td>账号</td><td colspan="10"></td></tr>
<tr><td rowspan="2">汇出地点</td><td rowspan="2"></td><td rowspan="2">汇出行名称</td><td rowspan="2"></td><td rowspan="2">汇入地点</td><td colspan="4" rowspan="2"></td><td>汇入行名称</td><td colspan="5"></td></tr>
<tr><td colspan="6"></td></tr>
<tr><td rowspan="2" colspan="2">金额</td><td rowspan="2">人民币（大写）</td><td rowspan="2" colspan="4"></td><td>千</td><td>百</td><td>十</td><td>万</td><td>千</td><td>百</td><td>十</td><td>元</td><td>角</td><td>分</td></tr>
<tr><td></td><td></td><td></td><td></td><td></td><td></td><td></td><td></td><td></td><td></td></tr>
<tr><td colspan="8">汇款用途：</td><td colspan="9"></td></tr>
<tr><td colspan="8">附加信息及用途：

复核　　　　记账</td><td colspan="9">汇出行盖章

年　月　日</td></tr>
</table>

此联为汇出行给汇款人的回单

【业务 7-1】

132010410250 **北京市工业销售发票** No:00379394

（印章：全国统一发票监制章 北京市 国家税务总局监制）

开票日期： 年 月 日

<table>
<tr><td>客户名称</td><td colspan="4"></td><td colspan="7">税务登记代码</td><td></td></tr>
<tr><td rowspan="2">品名</td><td rowspan="2">规格</td><td rowspan="2">单位</td><td rowspan="2">数量</td><td rowspan="2">单价</td><td colspan="7">金 额</td><td>备 注</td></tr>
<tr><td>万</td><td>千</td><td>百</td><td>十</td><td>元</td><td>角</td><td>分</td><td rowspan="5"></td></tr>
<tr><td></td><td></td><td></td><td></td><td></td><td></td><td></td><td></td><td></td><td></td><td></td><td></td></tr>
<tr><td></td><td></td><td></td><td></td><td></td><td></td><td></td><td></td><td></td><td></td><td></td><td></td></tr>
<tr><td></td><td></td><td></td><td></td><td></td><td></td><td></td><td></td><td></td><td></td><td></td><td></td></tr>
<tr><td>金额合计（大写）</td><td colspan="4">万 仟 佰 拾 元 角 分</td><td></td><td></td><td></td><td></td><td></td><td></td><td></td></tr>
<tr><td rowspan="2">销售单位</td><td rowspan="2" colspan="2">加盖财务专用章
或发票专用章</td><td colspan="2">开户银行</td><td colspan="4"></td><td colspan="3">结算方式</td><td></td></tr>
<tr><td colspan="2">账号</td><td colspan="4"></td><td colspan="3">电话</td><td></td></tr>
</table>

开票地址： 开票人： 收款人：

第一联 存根联

【业务 7-2】

中国农业银行现金交款单（回单）

年 月 日 No:0001245

<table>
<tr><td rowspan="2">收款单位</td><td>全称</td><td></td><td>款项来源</td><td colspan="17"></td></tr>
<tr><td>账号</td><td></td><td>交款部门</td><td colspan="17"></td></tr>
<tr><td rowspan="2">金额（大写）</td><td colspan="11" rowspan="2">人民币</td><td>百</td><td>十</td><td>万</td><td>千</td><td>百</td><td>十</td><td>元</td><td>角</td><td>分</td></tr>
<tr><td></td><td></td><td></td><td></td><td></td><td></td><td></td><td></td><td></td></tr>
<tr><td>券别</td><td>张数</td><td>十</td><td>万</td><td>千</td><td>百</td><td>十</td><td>元</td><td>券别</td><td>张数</td><td>千</td><td>百</td><td>十</td><td>元</td><td>角</td><td>分</td><td colspan="5" rowspan="6">上列款项已如数收妥入账

（收款银行盖章）
复核：
经办：
年 月 日</td></tr>
<tr><td>100 元</td><td></td><td></td><td></td><td></td><td></td><td></td><td></td><td>1 元</td><td></td><td></td><td></td><td></td><td></td><td></td><td></td></tr>
<tr><td>50 元</td><td></td><td></td><td></td><td></td><td></td><td></td><td></td><td>5 角</td><td></td><td></td><td></td><td></td><td></td><td></td><td></td></tr>
<tr><td>10 元</td><td></td><td></td><td></td><td></td><td></td><td></td><td></td><td>2 角</td><td></td><td></td><td></td><td></td><td></td><td></td><td></td></tr>
<tr><td>5 元</td><td></td><td></td><td></td><td></td><td></td><td></td><td></td><td>1 角</td><td></td><td></td><td></td><td></td><td></td><td></td><td></td></tr>
<tr><td>2 元</td><td></td><td></td><td></td><td></td><td></td><td></td><td></td><td>分币</td><td></td><td></td><td></td><td></td><td></td><td></td><td></td></tr>
</table>

第一联 由银行盖章后退回单位

【业务 8】

现金收款收据

年 月 日　　　　No:1200231

收款单位		交款单位		金额								
				百	十	万	千	百	十	元	角	分
金额（大写）	人民币											
事由				备注：								

第一联 存根联

会计主管：　　　　收款人：　　　　制单：

【业务 9】

费用报销单

报销日期：*2015* 年 *12* 月 *8* 日　　　　附件 *2* 张

费用项目	类别	金额	负责人（签章）	杨军
餐饮费		*800.00*	审查意见	同意报批
购办公用品		*200.00*	报销人（签章）	王一
报销金额合计		*¥1 000.00*	人民币壹仟元整	
核实金额（大写）壹仟零佰零拾零元零角零分整　*¥1 000.00*				

审核：张云　　　　出纳：曾丽

【业务 10】

中 国 农 业 银 行

付款期限 壹个月

银行汇票 （多余款收账通知） 4　　　　第 *0056743* 号

出票日期（大写）贰零壹伍年壹拾贰月零玖日　　　　代理付款行：建行合肥城东办　行号：*00468*

收款人：成都明基有限责任公司										账号：*9402282134291*
出票金额人民币（大写）壹拾伍万元整										
实际结算金额人民币（大写）	千	百	十	万	千	百	十	元	角	分
壹拾肆万伍千伍佰元整		¥	*1*	*4*	*5*	*5*	*0*	*0*	*0*	*0*

申请人：永丰有限责任公司　　　　账号或住址：*30020067124088*

出票行：农业北京阜成支行

行号：*230458*

备注：购材料

凭票付款

出票签章

密押：										左列退回多余金额已收入你账户内
多余金额										
千	百	十	万	千	百	十	元	角	分	
			¥	*4*	*5*	*0*	*0*	*0*	*0*	

此联出票行结清多余后交申请人

【业务 11-1】

中国农业银行
转账支票存根（京）
BM
—— 13246371
02

附加信息：

出票日期 年 月 日

收款人：
金 额：
用 途：

单位主管 会计

中 国 农 业 银 行 转账支票 （京）BM —— 13246371 02

本支票付款期限十天

出票日期（大写） 年 月 日 付款行名称：
收款人： 出票人账号：

人民币（大写）	亿	千	百	十	万	千	百	十	元	角	分

用途

上列款项请从
我账户内支付
出票人签章

复核 记账

【业务 11-2】

中国农业银行 **进账单** （送票回执） 1

年 月 日 No:37537759

付款人	全称		收款人	全称	
	账号			账号	
	开户银行			开户银行	

人民币（大写）	千	百	十	万	千	百	十	元	角	分

票据种类	
票据张数	
凭证号码	

单位主管 会计 复核 记账

收款单位开户行盖章

此联是受理行作送交票据人的回单

【业务 12-1】

中国农业银行　北京市支行支票　　　　支票号码：32156229

出票日期（大写）贰零壹伍年玖月壹拾肆日　　　付款行名称：农行卫岗分理处

收款人：永丰有限责任公司　　　　出票人账号：33013972376531

人民币（大写）	叁拾伍万壹仟元整	亿	千	百	十	万	千	百	十	元	角	分
				¥	3	5	1	0	0	0	0	0

用途　购 M 产品 1 000 只

上列款项请从

我账户内支付

出票人签章

兰金印美

记账　　复核

【业务 12-2】

中国农业银行　进账单　（送票回执）　1

年　月　日　　　　No:37537760

<table>
<tr><td rowspan="3">付款人</td><td>全称</td><td></td><td rowspan="3">收款人</td><td>全称</td><td colspan="10"></td></tr>
<tr><td>账号</td><td></td><td>账号</td><td colspan="10"></td></tr>
<tr><td>开户银行</td><td></td><td>开户银行</td><td colspan="10"></td></tr>
<tr><td colspan="5" rowspan="2">人民币（大写）</td><td>千</td><td>百</td><td>十</td><td>万</td><td>千</td><td>百</td><td>十</td><td>元</td><td>角</td><td>分</td></tr>
<tr><td></td><td></td><td></td><td></td><td></td><td></td><td></td><td></td><td></td><td></td></tr>
<tr><td colspan="2">票据种类</td><td colspan="2"></td><td colspan="11" rowspan="4">收款单位开户行盖章</td></tr>
<tr><td colspan="2">票据张数</td><td colspan="2"></td></tr>
<tr><td colspan="2">凭证号码</td><td colspan="2"></td></tr>
<tr><td colspan="4">单位主管　会计　复核　记账</td></tr>
</table>

此联是受理行作送交票据人的回单

【业务 12-3】

北京市增值税专用发票

存根联

No：

开票日期：

购货单位	名称： 纳税人识别号： 地址电话： 开户行及账户：				密码区		
货物或应税劳务名称	规格型号	单位	数量	单价	金额	税率	税额
价税合计（大写）	仟 佰 万 仟 佰 拾 元 角 分 （小写）¥						
销货单位	名称： 纳税人识别号： 地址电话： 开户行及账户：				备注		

第一联 存根联

收款人： 复核： 开票人： 销货单位：（章）

【业务 13】

中国农业银行北京市分支行本票申请书（存根） AN836025

申请日期 年 月 日

申请人		收款人										
账号或地址		账号或地址										
用途		代理付款行										
汇票金额	人民币（大写）	千	百	十	万	千	百	十	元	角	分	
备注		科目 对方科目 账务主管 复核 经办										

此联申请人留存

【业务 14】

企业借款借据（收款通知）

借款单位：永丰有限责任公司　　　　2015 年 12 月 16 日

贷款种类	生产经营借款	贷款账号		存款账号	30020067124088									
借款金额	人民币（大写）伍拾万元整			千	百	十	万	千	百	十	元	角	分	
					¥	5	0	0	0	0	0	0	0	
借款用途	生产经营借款													
约定还款期限：期限 6 个月　　于 2016 年 6 月 16 日到期														
上列借款已批准发放转入你单位存款账户。 此致　2015.12.16 中国农业银行北京阜成支行 2015年12月16日 转讫				（借）—— （贷）—— 主管　会计　复核 记账 年　月　日										

【业务 15-1】

差旅费报销单

2015 年 12 月 16 日　　　　附件 5 张

姓名	王丽	出差地点	天津	出差事由	参加展销会	日期	12 月 4 日起 12 月 7 日起
乘火车费	自北京站至天津站			金额	¥70.00	说明：实借 1 500 元，余额 125 元交回。	
乘汽车费	自天津站至北京站			金额	¥80.00		
乘飞机费	自　站至　站			金额			
行李运费	千克	每千克　元		金额			
出差补助费	4 天	定额	100	金额	¥400.00		
旅馆费	3 天	定额	200	金额	¥600.00		
其他	上海市内	交通		金额	¥225.00		
金额合计	小写	¥1 375.00				负责人	杨军
	大写	人民币壹仟叁佰柒拾伍元整					

会计主管：张云　　　　出纳：曾丽　　　　报销人：王丽

【业务 15-2】

现金收款收据

年　　月　　日　　　　No:1200232

收款单位		交款单位		金额								
				百	十	万	千	百	十	元	角	分
金额（大写）	人民币											
事由				备注：								

会计主管：　　　　收款人：　　　　制单：

第一联　存根

【业务 16】

银行汇票申请书（存根）

No：000559

申请日期　　年　　月　　日

申请人			收款人										
账号或地址			账号或地址										
用途			代理付款行										
汇票金额	人民币（大写）			千	百	十	万	千	百	十	元	角	分
备注			科目＿＿＿＿ 对方科目＿＿＿＿ 账务主管　　复核　　经办										

此联申请人留存

【业务 17】

第 5590 号

委托收款凭证（支款通知）4

委托号码：77543#

委邮　　委托日期：2015 年 12 月 23 日

<table>
<tr><td rowspan="3">收款单位</td><td>全称</td><td>北京电信局</td><td rowspan="3">付款单位</td><td>全称</td><td colspan="10">永丰有限责任公司</td></tr>
<tr><td>账号或地址</td><td>64388390011656</td><td>账号或地址</td><td colspan="10">30020067124088</td></tr>
<tr><td>开户银行</td><td>工行民主支行</td><td>开户银行</td><td colspan="10">农行北京阜成支行</td></tr>
<tr><td rowspan="2">委托金额</td><td colspan="4">人民币</td><td>千</td><td>百</td><td>十</td><td>万</td><td>千</td><td>百</td><td>十</td><td>元</td><td>角</td><td>分</td></tr>
<tr><td colspan="4">（大写）贰仟贰佰陆拾元整</td><td></td><td></td><td></td><td>¥</td><td>2</td><td>2</td><td>6</td><td>0</td><td>0</td><td>0</td></tr>
<tr><td>款项内容</td><td>电话费</td><td>委托收款凭据名称</td><td colspan="2">发票</td><td colspan="5">附寄单证张数</td><td colspan="5">2</td></tr>
<tr><td colspan="3">备注
上月话费</td><td colspan="12">付款人注意：
1. 根据结算办法，上列委托收款，如在付款期限内未拒付，即视同全部同意付款，以此联代付款通知。
2. 如需提前付或多付时，应另写书面通知送银行办理。
3. 如需全部或部分拒付，应在付款期限内另填拒绝付款理由书送银行办理。</td></tr>
</table>

此联付款人开户银行给付款人按期付款的通知

单位主管：　　会计：　　复核：　　记账：

【业务 18】

现金盘点报告表

2015 年 12 月 30 日

<table>
<tr><td rowspan="2">实存金额</td><td rowspan="2">账存金额</td><td colspan="2">对比结果</td><td rowspan="2">备　注</td></tr>
<tr><td>盘　盈</td><td>盘　亏</td></tr>
<tr><td>¥1 225.00</td><td>¥1 125.00</td><td>¥100.00</td><td></td><td>出纳员：曾丽
领导签名：</td></tr>
</table>

二交财会部门记账

盘点人签章：于前　　出纳员签章：曾丽

【业务 19】

中国农业银行对账单

客户名称：永丰有限责任公司（基本结算户） 2015 年 12 月

开户行名称：农行北京阜成支行

15 年		凭证		摘要	对方科目	借方									贷方									余额								
月	日	字	号			百	十	万	千	百	十	元	角	分	百	十	万	千	百	十	元	角	分	百	十	万	千	百	十	元	角	分
9	1			上月结存																					1	6	8	9	0	0	0	0
	1			现金 9553#					3	0	0	0	0	0											1	6	5	9	0	0	0	0
	1			转支 6370#				6	0	0	0	0	0	0											1	0	5	9	0	0	0	0
	1			汇划													1	5	0	0	0	0	0		2	5	5	9	0	0	0	0
	3			结算凭证						1	8	0	0	0											2	5	5	7	2	0	0	0
	3			电汇 8746#				8	1	9	0	0	0	0											1	7	3	8	2	0	0	0
	4			现收															5	8	5	0	0		1	7	4	4	0	5	0	0
	9			银汇 6743#														4	5	0	0	0	0		1	7	8	9	0	5	0	0
	10			转支 6371#			1	0	1	5	0	0	0	0												7	7	4	0	5	0	0
	14			转支 6229#												3	5	1	0	0	0	0	0		4	2	8	4	0	5	0	0
	15			本票 6025#				5	0	0	0	0	0	0											3	7	8	4	0	5	0	0
	16			货款												5	0	0	0	0	0	0	0		8	7	8	4	0	5	0	0
	20			银行汇票 0559			1	0	0	0	0	0	0	0											7	7	8	4	0	5	0	0
	25			委托收款 77543#					2	2	6	0	0	0											7	7	6	1	4	5	0	0
	30			汇划进账													1	0	0	0	0	0	0		7	8	6	1	4	5	0	0
	31			利息														3	0	1	9	0	0		7	8	9	1	6	4	0	0
	31			月末余额																					7	8	9	1	6	4	0	0

参考文献

[1] 沈宝燕. 出纳员岗位实训[M]. 北京：高等教育出版社，2007.

[2] 徐俊. 出纳岗位实务[M]. 北京：中国财政经济出版社，2009.

[3] 施海丽.出纳实务[M]. 北京：清华大学出版社，2010.

[4] 杨伟. 出纳实务[M]. 北京：北京师范大学出版社，2012.

[5] 张家伦. 出纳会计操作实务[M]. 北京：首都经济贸易大学出版社，2014.

[6] 李华. 出纳实务[M]. 北京：高等教育出版社，2014.